Zdravá Harmonia

Antizápalová Kuchárka pre Vitalitu a Dobrovoľné Starnutie

Veronika Černá

Index

Ingrediencie na mäsové guľôčky Taco Bowls: 15

Inštrukcie: 16

Lososové avokádové pesto Zoodles Porcie: 4 18

Ingrediencie: 18

Inštrukcie: 18

Batat ochutený šafranom, jablkom a cibuľou s kuracím mäsom 20

Ingrediencie: 20

Počet porcií filetu z lososa na grile: 4 22

Ingrediencie: 22

Inštrukcie: 22

Porcie tofu a talianskej korenenej letnej zeleniny: 4 24

Ingrediencie: 24

Inštrukcie: 24

Ingrediencie na šalát s jahodami a kozím syrom: 26

Inštrukcie: 26

Porcie šafranového karfiolu a tresky: 4 28

Ingrediencie: 28

Inštrukcic: 28

Lahodné porcie vlašských orechov a špargle: 4 30

Ingrediencie: 30

Inštrukcie: 30

Cuketové cestoviny Alfredo Ingrediencie: 31

Inštrukcie: 31

Quinoa Morčacie kura Ingrediencie: 33

Inštrukcie: 34

Cesnakové tekvicové cestoviny Porcie: 4 36

Ingrediencie: 36

Inštrukcie: 37

Dusený pstruh s červenou fazuľou a paprikovou omáčkou Porcie: 1 38

Ingrediencie: 38

Inštrukcie: 39

Porcie batátovej a morčacej polievky: 4 40

Ingrediencie: 40

Inštrukcie: 41

Miso porcie grilovaného lososa: 2 42

Ingrediencie: 42

Inštrukcie: 42

Porcie jednoducho duseného vločkového filé: 6 44

Ingrediencie: 44

Inštrukcie: 44

Porcie bravčových Carnitas: 10 45

Ingrediencie: 45

Inštrukcie: 46

Biela rybia polievka so zeleninou 47

Porcie: 6 až 8 47

Ingrediencie: 47

Inštrukcie: 47

Porcie mušlí s citrónom: 4 49

Ingrediencie: 49

Inštrukcie: 49

Porcie lososa s citrónom a paprikou: 2 50

Ingrediencie: 50

Inštrukcie: 50

Porcie cestovín z tuniaka so syrom: 3-4 51

Ingrediencie: 51

Inštrukcie: 51

Porcie rybích prúžkov v kokosovej kôre: 4 53

Ingrediencie: 53

Inštrukcie: 54

porcie mexických rýb: 2 55

Ingrediencie: 55

Inštrukcie: 55

Porcie pstruha s uhorkovou omáčkou: 4 57

Ingrediencie: 57

Porcie kreviet Lemon Zoodles: 4 59

Ingrediencie: 59

Inštrukcie: 59

Porcie chrumkavých kreviet: 4 61

Ingrediencie: 61

Inštrukcie: 61

Porcie grilovaného morského vlka: 2 62

Ingrediencie: 62

Inštrukcie: 62

Porcie lososových koláčov: 4 63

Ingrediencie: 63

Inštrukcie: 63

Porcie pikantnej tresky: 4 64

Ingrediencie: 64

Inštrukcie: 64

Porcie pasty z údeného pstruha: 2 65

Ingrediencie: 65

Inštrukcie: 65

Porcie tuniaka a šalotky: 4 67

Ingrediencie: 67

Inštrukcie: 67

Porcie citrónovo-paprikových kreviet: 2 68

Ingrediencie: 68

Inštrukcie: 68

Počet porcií steaku z horúceho tuniaka: 6 69

Ingrediencie: 69

Inštrukcie: 69

Porcie cajunského lososa: 2 71

Ingrediencie: 71

Inštrukcie: 71

Quinoa Miska lososa so zeleninou 72

Porcie: 4 72

Ingrediencie: 72

Porcie obaľovanej ryby: 4 74

Ingrediencie: 74

Inštrukcie: 74

Porcie jednoduchých lososových placiek: 4 75

Ingrediencie: 75

Inštrukcie: 76

Porcie popcornových kreviet: 4 77

Ingrediencie: 77

Inštrukcie: 78

Pikantné porcie pečenej ryby: 5 79

Ingrediencie: 79

Inštrukcie: 79

Porcie tuniaka s paprikou: 4 80

Ingrediencie: 80

Inštrukcie: 80

Porcie rybích placiek: 2 81

Ingrediencie: 81

Inštrukcie: 81

Grilované mušle s medovými porciami: 4 82

Ingrediencie: 82

Inštrukcie: 82

Filety z tresky s hubami Shiitake Porcie: 4 84

Ingrediencie: 84

Inštrukcie: 84

Porcie grilovaného bieleho morského vlka: 2 86

Ingrediencie: 86

Inštrukcie: 86

Porcie štiky z pečených paradajok: 4-5 87

Ingrediencie: 87

Inštrukcie: 87

Porcie grilovanej tresky s cviklou: 4 89

Ingrediencie: 89

Úprimné porcie taveného tuniaka: 4 91

Ingrediencie: 91

Inštrukcie: 91

Porcie citrónového lososa s kafírovou limetkou: 8 93
Ingrediencie: 93
Inštrukcie: 93
Jemný losos v horčicovej omáčke Porcie: 2 95
Ingrediencie: 95
Inštrukcie: 95
Porcie krabieho šalátu: 4 97
Ingrediencie: 97
Inštrukcie: 97
Pečený losos s miso omáčkou Porcie: 4 98
Ingrediencie: 98
Inštrukcie: 98
Pečená treska s bylinkami a medom Porcie: 2 100
Ingrediencie: 100
Inštrukcie: 100
Mix tresky s parmezánom Počet porcií: 4 102
Ingrediencie: 102
Inštrukcie: 102
Porcie chrumkavých cesnakových kreviet: 4 103
Ingrediencie: 103
Inštrukcie: 103
Krémová zmes morských vlkov: 4 104
Ingrediencie: 104
Inštrukcie: 104
Uhorka Ahi Poke Porcie: 4 105
Ingrediencie: 105
Porcie zmesi mätovej tresky: 4 107

Ingrediencie: 107
Inštrukcie: 107
Porcie krémovej tilapie a citrónu: 4 109
Ingrediencie: 109
Inštrukcie: 109
Porcie rybieho tacosu: 4 111
Ingrediencie: 111
Inštrukcie: 112
Zmes morského vlka so zázvorom Porcie: 4 113
Ingrediencie: 113
Inštrukcie: 113
Porcie kokosových kreviet: 4 114
Ingrediencie: 114
Porcie bravčového mäsa s tekvicou a muškátovým orieškom: 4 116
Ingrediencie: 116
Inštrukcie: 117
Okorenená brokolica, karfiol a tofu s červenou cibuľou 118
Ingrediencie: 118
Inštrukcie: 119
Porcie s fazuľou a lososom: 4 120
Ingrediencie: 120
Inštrukcie: 121
Porcie mrkvovej polievky: 4 122
Ingrediencie: 122
Inštrukcie: 123
Porcie zdravého makarónového šalátu: 6 124
Ingrediencie: 124

Inštrukcie: 124

Porcie cícerového kari: 4 až 6 126

Ingrediencie: 126

Inštrukcie: 127

Zloženie mletého hovädzieho mäsa Stroganoff: 128

Inštrukcie: 128

Porcie pikantných rebier: 4 130

Ingrediencie: 130

Inštrukcie: 131

Porcie kuracieho mäsa a bezlepkovej rezancovej polievky: 4 132

Ingrediencie: 132

Porcie šošovicového kari: 4 134

Ingrediencie: 134

Inštrukcie: 135

Vyprážané kuracie a hráškové porcie: 4 136

Ingrediencie: 136

Inštrukcie: 137

Šťavnatá brokolica so sardelovými mandľami Porcie: 6 138

Ingrediencie: 138

Inštrukcie: 138

Porcie shiitake špenátových placiek: 8 140

Ingrediencie: 140

Inštrukcie: 141

Porcie brokolicového a karfiolového šalátu: 6 142

Ingrediencie: 142

Inštrukcie: 143

Kurací šalát s čínskym dotykom Porcie: 3 143

Ingrediencie: 144

Inštrukcie: 145

Porcie papriky plnené amarantom a quinoa: 4 145

Ingrediencie: 145

Chrumkavé rybie filé so syrovou krustou Porcie: 4 148

Ingrediencie: 148

Inštrukcie: 148

Power Protein Fazuľa a plnené zelené škrupiny....................................150

Ingrediencie: 150

Zloženie ázijského rezancového šalátu: 153

Inštrukcie: 153

Porcie lososa a zelenej fazuľky: 4 155

Ingrediencie: 155

Inštrukcie: 155

Suroviny plnené kuracím syrom: 157

Inštrukcie: 158

Porcie rukoly s gorgonzolovou omáčkou: 4...159

Ingrediencie: 159

Inštrukcie: 159

Porcie kapustovej polievky: 6 161

Ingrediencie: 161

Porcie karfiolovej ryže: 4 162

Ingrediencie: 162

Inštrukcie: 162

Feta Frittata a porcie špenátu: 4 163

Ingrediencie: 163

Inštrukcie: 163

Nálepky na horiace kuracie hrnce Ingrediencie: 165

Inštrukcie: 166

Cesnakové krevety s gratinovaným karfiolom Porcie: 2 167

Ingrediencie: 167

Inštrukcie: 168

Porcie tuniaka s brokolicou: 1 169

Ingrediencie: 169

Inštrukcie: 169

Cuketová polievka s krevetami Porcie: 4 170

Ingrediencie: 170

Inštrukcie: 171

Slané porcie pečených morčacích guľôčok: 6 172

Ingrediencie: 172

Inštrukcie: 172

Porcie ľahkej mušľovej polievky: 4 174

Ingrediencie: 174

Inštrukcie: 175

Porcie ryže a kuracieho mäsa: 4 176

Ingrediencie: 176

Inštrukcie: 177

Dusené krevety Jambalaya Jumble Porcie: 4 179

Ingrediencie: 179

Kuracie chilli porcie: 6 181

Ingrediencie: 181

Inštrukcie: 182

Porcie cesnakovej a šošovicovej polievky: 4 183

Ingrediencie: 183

Pikantná cuketa a kurča v klasickej smažínke Santa Fe 185

Ingrediencie: 185

Inštrukcie: 186

Tilapia tacos s neuveriteľným zázvorom a sezamovým šalátom 187

Ingrediencie: 187

Inštrukcie: 187

Porcie šošovicového kari: 4 189

Ingrediencie: 189

Inštrukcie: 189

Kapustový Caesar šalát s grilovaným kuracím wrapom: 2 191

Ingrediencie: 191

Inštrukcie: 192

Porcie fazuľového špenátového šalátu: 1 193

Ingrediencie: 193

Inštrukcie: 193

Losos v kruste s vlašskými orechmi a rozmarínom Porcie: 6 194

Ingrediencie: 194

Inštrukcie: 195

Pečené sladké zemiaky s červenou omáčkou Tahini Porcie: 4 196

Ingrediencie: 196

Inštrukcie: 197

Porcie talianskej tekvicovej polievky: 4 198

Ingrediencie: 198

Inštrukcie: 199

Porcie šafranovej a lososovej polievky: 4 200

Ingrediencie: 200

Horúce a kyslé thajské krevety a hubová polievka 202

Ingrediencie: 202

Inštrukcie: 203

Orzo so sušenými paradajkami: 204

Inštrukcie: 204

Porcie hubovej a cviklovej polievky: 4 206

Ingrediencie: 206

Inštrukcie: 206

Ingrediencie na parmezánové kuracie fašírky: 208

Inštrukcie: 208

Zloženie mäsových guľôčok Alla Parmigiana: 210

Inštrukcie: 211

Pečené morčacie prsia so zlatou zeleninou 212

Ingrediencie: 212

Inštrukcie: 212

Kokosovo zelené kari s varenou ryžou Porcie: 8 214

Ingrediencie: 214

Inštrukcie: 214

Sladká zemiakovo-kuracia polievka so šošovicou: 6 216

Ingrediencie: 216

Inštrukcie: 217

Ingrediencie na mäsové guľôčky Taco Bowls:

Mäsové guľky:

1 lb chudého mletého hovädzieho mäsa (pod akékoľvek mleté mäso ako bravčové, morčacie alebo kuracie)

1 vajce

1/4 šálky jemne nasekaného kelu alebo chrumkavých byliniek, ako je petržlen alebo koriandr (voliteľné)

1 lyžica soli

1/2 lyžičky čierneho korenia

taco misky

2 šálky omáčky Enchilada (používame na mieru) 16 mäsových guľôčok (predtým lepené polevy)

2 šálky varenej ryže, bielej alebo hnedej

1 avokádo, nakrájané na plátky

1 šálka miestnej salsy alebo Pico de Gallo 1 šálka strúhaného syra

1 jalapeno, jemne nakrájané (podľa vlastného uváženia)

1 lyžica koriandra, nasekaného

1 citrón, nakrájame na plátky

Tortilla Chips na servírovanie

Inštrukcie:

1. Vytvoriť/zmraziť

2. Vo veľkej mise zmiešajte mleté hovädzie mäso, vajcia, kel (ak používate), soľ a korenie. Miešajte rukami, až kým nebude rovnomerne stuhnutá.

Rozdeľte na 16 mäsových guľôčok vzdialených od seba asi 1 palec a položte na plech pokrytý fóliou.

3. Ak použijete v priebehu niekoľkých dní, uchovávajte v chladničke maximálne 2 dni.

4. Ak mrzne, vložte plech na pečenie do chladničky, kým nebudú mäsové guľky pevné. Presuňte sa do chladiacej tašky. Mäsové guľky vydržia v chladničke 3 až 4 mesiace.

5. Na varenie

6. V strednom hrnci priveďte omáčku enchilada na mierny var. Zahrňte mäsové guľky (neexistuje žiadny presvedčivý dôvod na rozmrazovanie ako prvé, ak sú

stuhnuté). Varte fašírky, kým nie sú uvarené, 12 minút, ak sú chrumkavé a 20 minút, ak sú stuhnuté.

7. Kým sa fašírky varia, pripravte si rôzne suroviny.

8. Zostavte taco misky ozdobením ryže s mäsovými guľkami a omáčkou, nakrájaným avokádom, salsou, syrom čedar, plátkami jalapeňo a koriandrom. Darček s plátkami citróna a tortillovými lupienkami.

Lososové avokádové pesto Zoodles Porcie: 4

Čas varenia: 25 minút

Ingrediencie:

1 lyžica pesta

1 citrón

2 mrazené/čerstvé steaky z lososa

1 veľká špirálovitá cuketa

1 lyžica čierneho korenia

1 avokádo

1/4 šálky parmezánu, strúhaný

talianske korenie

Inštrukcie:

1. Zahrejte rúru na 375 F. Ochuťte lososa talianskym korením, soľou a korením a pečte 20 minút.

2. Pridajte avokádo do misy spolu s lyžicou korenia, limetkovou šťavou a lyžicou pesta. Milujte avokádo a knihu.

3. Do servírovacej misky pridajte cuketové rezance, potom zmes avokáda a lososa.

4. Posypeme syrom. V prípade potreby pridajte ďalšie pesto. Užívať si!

<u>Nutričné informácie:</u>128 kalórií 9,9 g tuku 9 g celkovo sacharidov 4 g bielkovín

Batat ochutený šafranom, jablkom a cibuľou s kuracím mäsom

Porcie: 4

Čas varenia: 45 minút

Ingrediencie:

2 lyžice nesoleného masla, pri izbovej teplote 2 stredné sladké zemiaky

1 veľké jablko Granny Smith

1 stredná cibuľa, nakrájaná na tenké plátky

4 kuracie prsia s kosťou a kožou

1 lyžička soli

1 lyžička kurkumy

1 lyžička sušenej šalvie

¼ lyžičky čerstvo mletého čierneho korenia

1 šálka jablčného muštu, bieleho vína alebo kuracieho vývaru<u>Inštrukcie:</u>

1. Predhrejte rúru na 400 °F. Zapekaciu misu vymastíme maslom.

2. Na plech poukladajte batáty, jablko a cibuľu v jednej vrstve.

3. Kuracie mäso položíme kožou nahor a ochutíme soľou, šafranom, šalviou a korením. Pridajte cider.

4. Pečieme 35 až 40 minút. Vyberte, nechajte 5 minút odpočívať a podávajte.

Nutričné informácie:Kalórie 386 Celkový tuk: 12 g Celkové sacharidy: 26 g Cukor: 10 g Vláknina: 4 g Bielkoviny: 44 g Sodík: 932 mg

Počet porcií filetu z lososa na grile: 4

Čas varenia: 5 minút

Ingrediencie:

1 lb steak z lososa, opláchnutý 1/8 ČL kajenského korenia 1 ČL čili prášku

½ lyžice rasce

2 strúčiky cesnaku, mleté

1 lyžica olivového oleja

¾ lyžičky soli

1 lyžička čerstvo mletého čierneho korenia

Inštrukcie:

1. Predhrejte rúru na 350 stupňov F.

2. V miske zmiešajte kajenské korenie, čili prášok, rascu, soľ a čierne korenie. Odložte bokom.

3. Steak z lososa pokvapkáme olivovým olejom. Potrieme z oboch strán. Potrieme cesnakom a pripravenou zmesou korenia. Nechajte 10 minút odpočívať.

4. Po premiešaní chutí pripravte panvicu s nepriľnavým povrchom.

Zahrejte olej. Po zahriatí lososa 4 minúty okoreníme z oboch strán.

5. Presuňte panvicu do rúry. Pečieme 10 minút. Podávajte.

Nutričné informácie:Kalórie 210 Sacharidy: 0 g Tuky: 14 g Bielkoviny: 19 g

Porcie tofu a talianskej korenenej letnej zeleniny: 4

Čas varenia: 20 minút

Ingrediencie:

2 veľké cukety, nakrájané na ¼-palcové plátky

2 veľké cukety, nakrájané na ¼-palcové plátky 1-libra pevného tofu, nakrájané na 1-palcové kocky

1 šálka zeleninového vývaru alebo vody

3 polievkové lyžice extra panenského olivového oleja

2 strúčiky cesnaku, nakrájané na plátky

1 lyžička soli

1 čajová lyžička zmesi talianskych byliniek

¼ lyžičky čerstvo mletého čierneho korenia

1 polievková lyžica čerstvej bazalky nakrájanej na tenké plátky

Inštrukcie:

1. Predhrejte rúru na 400 °F.

2. Zmiešajte cuketu, tekvicu, tofu, vývar, olej, cesnak, soľ, zmes talianskych byliniek a korenie vo veľkej pekáči a premiešajte.

3. Pečieme za 20 minút.

4. Posypeme bazalkou a podávame.

Nutričné informácie:Kalórie 213 Celkový tuk: 16 g Celkové sacharidy: 9 g Cukor: 4 g Vláknina: 3 g Bielkoviny: 13 g Sodík: 806 mg

Ingrediencie na šalát s jahodami a kozím syrom:

1 libra chrumkavých jahôd nakrájaných na kocky

Podľa vlastného uváženia: 1 až 2 čajové lyžičky nektáru alebo javorového sirupu, podľa chuti 2 unce rozdrobeného kozieho čedaru (asi ½ šálky) ¼ šálky chrumkavej bazalky plus niekoľko vetvičiek bazalky na ozdobu

1 lyžica extra panenského olivového oleja

1 lyžica hustého balzamikového octu*

½ lyžičky maldonskej vločkovej morskej soli alebo neadekvátna ¼ lyžička jemnej morskej soli

Čerstvo mleté čierne korenie

Inštrukcie:

1. Nakrájané jahody rozložte na stredný tanier alebo do plytkej misky. Ak jahody nie sú dosť sladké, ako by ste chceli, pokvapkajte ich trochou nektáru alebo javorového sirupu.

2. Jahody posypte rozdrobeným kozím čedarom a následne nasekanou bazalkou. Na vrch nalejte olivový olej a balzamikový ocot.

3. Plát zmiešaných zelených vyleštite soľou, niekoľkými kúskami čerstvo mletého čierneho korenia a odloženými lístkami bazalky. Pre najlepší úvod rýchlo podávajte tanier zmiešanej zeleniny.

Zvyšky vydržia dobre v chladničke, ale asi 3 dni.

Porcie šafranového karfiolu a tresky: 4

Čas varenia: 30 minút

Ingrediencie:

½ kila ružičiek karfiolu

1 kilo filé z tresky bez kostí, kože a v kockách 1 lyžica olivového oleja

1 žltá cibuľa, nakrájaná

½ lyžičky rascových semien

1 zelená paprika, nasekaná

¼ lyžičky kurkumového prášku

2 nakrájané paradajky

Štipka soli a čierneho korenia

½ šálky kuracieho vývaru

1 lyžica koriandra, nasekaného

Inštrukcie:

1. Panvicu s olejom rozohrejeme na miernom ohni, pridáme cibuľu, korenie, rascu a šafran, premiešame a 5 minút restujeme.

2. Pridáme karfiol, rybu a ostatné ingrediencie, premiešame, privedieme k varu a na miernom ohni varíme ďalších 25 minút.

3. Prívarok rozdelíme do misiek a podávame.

Nutričné informácie:Kalórie 281, Tuky 6, Vláknina 4, Sacharidy 8, Bielkoviny 12

Lahodné porcie vlašských orechov a špargle: 4

Čas varenia: 5 minút

Ingrediencie:

1 a ½ lyžice olivového oleja

¾ libry špargle, orezaná

¼ šálky vlašských orechov, nasekaných

Slnečnicové semienka a korenie podľa chuti

Inštrukcie:

1. Vezmite panvicu na strednú teplotu, pridajte olej a nechajte ho rozohriať.

2. Pridajte špargľu a restujte 5 minút do zlatista.

3. Dochutíme slnečnicovými semienkami a korením.

4. Odstráňte teplo.

5. Pridajte orechy a premiešajte.

Nutričné informácie:Kalórie: 124 Tuky: 12 g Sacharidy: 2 g Bielkoviny: 3 g

Cuketové cestoviny Alfredo Ingrediencie:

2 stredne špirálovité cukety

1 – 2 TB vegánskeho parmezánu (nepovinné)

Rýchla omáčka Alfredo

1/2 šálky kešu orieškov namočených na niekoľko hodín alebo vo vriacej vode na 10 minút

2 TB citrónovej šťavy

3TB výživné kvasnice

2 ČL biele miso (sub tamari, sójová omáčka alebo kokosové aminokyseliny)

1 lyžica cibuľového prášku

1/2 lyžičky cesnakového prášku

1/4-1/2 šálky vody

Inštrukcie:

1. Cuketové rezance špiralizujeme.

2. Pridajte všetky ingrediencie Alfredo do rýchleho mixéra (začnite s 1/4 šálky vody) a rozmixujte do hladka. Ak je vaša omáčka príliš hustá, po lyžiciach pridajte viac vody, kým nedosiahnete požadovanú konzistenciu.

3. Cuketové rezance polejeme alfredo omáčkou a ak máte radi, tak zeleninovým kočíkom.

Quinoa Morčacie kura Ingrediencie:

1 šálka quinoa, umytá

3-1/2 šálky vody, izolované

1/2 libry chudej mletej morky

1 veľká sladká cibuľa, nakrájaná na plátky

1 stredne sladká červená paprika, nakrájaná na plátky

4 strúčiky cesnaku, mleté

1 lyžica fazule v prášku

1 lyžica mletého kmínu

1/2 lyžičky škoricového prášku

2 poháre (každá 15 oz) čiernej fazule, umyté a odkvapkané 1 plechovka (28 oz) drvených paradajok

1 stredná cuketa, nakrájaná na plátky

1 chipotle paprika v adobo omáčke, nakrájaná na plátky

1 lyžica adobo omáčky

1 úzky list

1 čajová lyžička sušeného oregana

1/2 lyžičky soli

1/4 lyžičky papriky

1 šálka stuhnutej kukurice, rozmrazená

1/4 šálky nasekaného chrumkavého koriandra

Obloha podľa vlastného uváženia: Avokádo nakrájané na kocky, strúhaný Monterey Jack Cheddar

Inštrukcie:

1. Vo veľkom hrnci zohrejeme quinou a 2 šálky vody do bodu varu. Znížte teplo; rozotrite a varte 12-15 minút alebo kým sa nezadrží voda. Vyhnať z tepla; vyrovnajte vidličkou a uložte na bezpečné miesto.

2. Potom vo veľkom hrnci pokrytom varnou sprchou varte na miernom ohni morku, cibuľu, červenú papriku a cesnak, kým mäso už nie je ružové a zelenina mäkká; kanál. Pridajte prášok feijoada, rascu a škoricu; varíme ešte 2 minúty.

Kedykoľvek budete chcieť, darujte ozdoby podľa vlastného uváženia.

3. Pridajte čiernu fazuľu, paradajky, cuketu, chipotle papriku, adobo omáčku, bridlicový list, oregano, soľ, korenie a zvyšnú vodu.

Zahrejte do bodu varu. Znížte teplo; natrieme a restujeme 30 minút. Vmiešajte kukuricu a quinou; teplo cez. Zlikvidujte úzky list; vmiešame koriander. Darček s ľubovoľným upevnením podľa želania.

4. Alternatíva k zmrazovaniu: Zmrazte vychladený guláš v chladnejších oddeleniach.

Ak chcete použiť, rozmrazte čiastočne v chladničke na strednú dobu. Zahrejte na panvici za občasného miešania; zahrňte džúsy alebo vodu, ak sú životne dôležité.

Cesnakové tekvicové cestoviny Porcie: 4

Čas varenia: 15 minút

Ingrediencie:

Na prípravu omáčky

¼ šálky kokosového mlieka

6 veľkých dátumov

2/3 g strúhaného kokosu

6 strúčikov cesnaku

2 polievkové lyžice zázvorovej pasty

2 lyžice červenej kari pasty

na prípravu rezancov

1 veľké uvarené tekvicové cestoviny

½ julienne nakrájanej mrkvy

½ cukety, julien

1 malá červená paprika

¼ šálky kešu orieškov

Inštrukcie:

1. Na prípravu omáčky zmiešajte všetky ingrediencie a vytvorte husté pyré.

2. Špagetovú tekvicu pozdĺžne prekrojíme a urobíme rezance.

3. Plech zľahka potrieme olejom a tekvicové rezance pečieme pri 40°C 5-6 minút.

4. Na podávanie zmiešajte cestoviny a pyré v miske. Alebo podávajte pyré spolu s cestovinami.

Nutričné informácie:Kalórie 405 Sacharidy: 107 g Tuky: 28 g Bielkoviny: 7 g

Dusený pstruh s červenou fazuľou a paprikovou omáčkou Porcie: 1

Čas varenia: 16 minút

Ingrediencie:

4 ½ oz cherry paradajok, na polovicu

1/4 avokáda, neošúpané

6 uncí filet z morského pstruha bez kože

Listy koriandra slúžiť

2 lyžičky olivového oleja

Plátky limetky na servírovanie

4 ½ oz konzervovanej červenej fazule, prepláchnutej a scedenej 1/2 červenej cibule, nakrájanej na tenké plátky

1 lyžica nakladaných jalapeňos, scedených

1/2 lyžičky mletého kmínu

4 sicílske olivy/zelené olivy

Inštrukcie:

1. Nad hrniec s vriacou vodou položte naparovací kôš. Pridajte rybu do košíka a prikryte, varte 10-12 minút.

2. Rybu vyberte a nechajte niekoľko minút odpočívať. Medzitým si na panvici predhrejte trochu oleja.

3. Pridajte nakladané jalapenos, červenú fazuľu, olivy, 1/2 ČL rasce a cherry paradajky. Varte asi 4-5 minút za stáleho miešania.

4. Na tanier položte fazuľovú pastu a potom pstruha.

Navrch pridajte koriander a cibuľu.

5. Podávame s plátkami citróna a avokáda. Vychutnajte si duseného morského pstruha s červenou fazuľou a čili omáčkou!

Nutričné informácie:243 kalórií 33,2 g tuku 18,8 g celkovo sacharidov 44 g bielkovín

Porcie batátovej a morčacej polievky: 4

Čas varenia: 45 minút

Ingrediencie:

2 polievkové lyžice olivového oleja

1 žltá cibuľa, nakrájaná

1 zelená paprika, nasekaná

2 sladké zemiaky, ošúpané a nakrájané na kocky

1 libra morčacích pŕs, bez kože, kostí a nakrájaná na kocky 1 čajová lyžička mletého koriandra

Štipka soli a čierneho korenia

1 lyžička sladkej papriky

6 šálok kuracieho vývaru

šťava z 1 limetky

Hrsť nasekanej petržlenovej vňate

Inštrukcie:

1. Zohrejte panvicu s olivovým olejom na strednom plameni, pridajte cibuľu, papriku a sladké zemiaky, premiešajte a duste 5 minút.

2. Pridajte mäso a restujte ďalších 5 minút.

3. Pridáme zvyšok surovín, premiešame, privedieme do varu a na miernom ohni varíme ďalších 35 minút.

4. Polievku nalejte do misiek a podávajte.

<u>Nutričné informácie:</u>Kalórie 203, Tuky 5, Vláknina 4, Sacharidy 7, Bielkoviny 8

Miso porcie grilovaného lososa: 2

Čas varenia: 20 minút

Ingrediencie:

2 polievkové lyžice. javorový sirup

2 citróny

¼ šálky miso

¼ lyžičky. mleté čierne korenie

2 citróny

2 ½ libry lososa s kožou

Cayenne Pepper Dash

2 polievkové lyžice. Extra panenský olivový olej

¼ šálky miso

Inštrukcie:

1. Najprv zmiešajte citrónovú šťavu a limetkovú šťavu v malej miske, kým sa dobre nespoja.

2. Potom vmiešajte miso, kajenské korenie, javorový sirup, olivový olej a korenie. Zápas dobre.

3. Potom lososa položte na plech vystlaný papierom na pečenie kožou nadol.

4. Lososa potrieme zmesou citrón-miso.

5. Teraz položte rozpolené kúsky citróna a limetky na boky reznou stranou nahor.

6. Nakoniec pečieme 8 až 12 minút alebo kým sa ryba nerozpadne.

<u>Nutričné informácie:</u>Kalórie: 230 kcal Bielkoviny: 28,3 g Sacharidy: 6,7 gTuky: 8,7 g

Porcie jednoducho duseného vločkového filé: 6

Čas varenia: 8 minút

Ingrediencie:

6 filé z tilapie

2 polievkové lyžice olivového oleja

1 kus citróna, šťava

Soľ a korenie podľa chuti

¼ šálky nasekanej petržlenovej vňate alebo koriandra

Inštrukcie:

1. Filety tilapie opečte na olivovom oleji v strednej panvici na strednom ohni. Varte 4 minúty z každej strany, kým sa ryba ľahko nelúpe vidličkou.

2. Podľa chuti pridajte soľ a korenie. Každý filet polejeme citrónovou šťavou.

3. Pri podávaní posypte uvarené filety nasekanou petržlenovou vňaťou alebo koriandrom.

Nutričné informácie: Kalórie: 249 Kalorický tuk: 8,3 g Bielkoviny: 18,6 g Sacharidy: 25,9

Vláknina: 1 g

Porcie bravčových Carnitas: 10

Čas varenia: 8 hodín. 10 minút

Ingrediencie:

5 libier. bravčová pliecko

2 strúčiky cesnaku, mleté

1 lyžička čierneho korenia

1/4 lyžičky škorice

1 čajová lyžička sušeného oregana

1 lyžica mletého kmínu

1 bobkový list

2 unce kuracieho vývaru

1 c. čaj z limetkovej šťavy

1 polievková lyžica čili prášku

1 lyžica soli

Inštrukcie:

1. Pridajte bravčové mäso spolu so zvyškom ingrediencií do pomalého hrnca.

2. Prikryjeme pokrievkou a varíme 8 hodín. na miernom ohni.

3. Uvarené bravčové mäso naporciujeme vidličkou.

4. Toto vytiahnuté bravčové mäso rozložíme na plech.

5. Grilujeme 10 minút a podávame.

<u>Nutričné informácie:</u>Kalórie 547 Tuky 39 g, Sacharidy 2,6 g, Vláknina 0 g, Bielkoviny 43 g

Biela rybia polievka so zeleninou

Porcie: 6 až 8

Čas varenia: 32 až 35 minút

Ingrediencie:

3 sladké zemiaky, olúpané a nakrájané na ½ palcové kúsky 4 mrkvy, ošúpané a nakrájané na ½ palcové kúsky 3 šálky plnotučného kokosového mlieka

2 šálky vody

1 lyžička sušeného tymiánu

½ lyžičky morskej soli

10 ½ uncí (298 g) bielej ryby bez kože a pevnej, ako je treska alebo halibut, nakrájaná na kúsky

Inštrukcie:

1. Pridajte sladké zemiaky, mrkvu, kokosové mlieko, vodu, tymián a morskú soľ do veľkého hrnca na vysokej teplote a priveďte do varu.

2. Znížte teplotu na minimum, prikryte a varte 20 minút, kým zelenina nezmäkne, za občasného miešania.

3. Nalejte polovicu polievky do mixéra a mixujte, kým nebude dobre rozmixovaná a hladká, potom sa vráťte do hrnca.

4. Pridajte kúsky ryby a pokračujte vo varení ďalších 12

na 15 minút, alebo kým sa ryba neprepečie.

5. Odstráňte z tepla a podávajte v miskách.

<u>Nutričné informácie:</u>kalórií: 450; tuk: 28,7 g; bielkoviny: 14,2g; sacharidy: 38,8 g; vláknina: 8,1g; cukor: 6,7 g; sodík: 250 mg

Porcie mušlí s citrónom: 4

Ingrediencie:

1 polievková lyžica. extra panenský olivový olej 2 strúčiky cesnaku, mleté

2 libry. trené mušle

šťava z citróna

Inštrukcie:

1. Do panvice dáme trochu vody, pridáme mušle, na miernom ohni privedieme do varu, povaríme 5 minút, zatvorené mušle vyhodíme a preložíme do misy.

2. V inej miske zmiešame olivový olej s cesnakom a čerstvo vytlačenou citrónovou šťavou, dobre prešľaháme a pridáme mušle, premiešame a podávame.

3. Užite si to!

Nutričné informácie:Kalórie: 140, Tuky: 4 g, Sacharidy: 8 g, Bielkoviny: 8 g, Cukry: 4 g, Sodík: 600 mg,

Porcie lososa s citrónom a paprikou: 2

Čas varenia: 8 minút

Ingrediencie:

1 libra lososa

1 lyžica citrónovej šťavy

½ lyžičky papriky

½ lyžičky čili prášku

4 plátky limetky

Inštrukcie:

1. Lososa zalejeme citrónovou šťavou.

2. Posypte obe strany korením a čili práškom.

3. Pridajte lososa do fritézy.

4. Plátky limetky položte na lososa.

5. Smažte pri teplote 375 stupňov F počas 8 minút.

Porcie cestovín z tuniaka so syrom: 3-4

Ingrediencie:

2 c. Rukola

¼ c. nasekanú pažítku

1 polievková lyžica. červený ocot

5 oz. scedený konzervovaný tuniak

¼ lyžičky. čierne korenie

2 oz. varené celozrnné cestoviny

1 polievková lyžica. oleja

1 polievková lyžica. strúhaný chudý parmezán

Inštrukcie:

1. Cestoviny uvarte v neosolenej vode, kým nie sú pripravené. Behajte a rezervujte si.

2. Vo veľkej mise zmiešajte tuniaka, pažítku, ocot, olivový olej, rukolu, cestoviny a čierne korenie.

3. Dobre premiešame a prikryjeme syrom.

4. Podávajte a vychutnávajte.

Nutričné informácie:Kalórie: 566,3, Tuky: 42,4 g, Sacharidy: 18,6 g, Bielkoviny: 29,8 g, Cukry: 0,4 g, Sodík: 688,6 mg

Porcie rybích prúžkov v kokosovej kôre: 4

Čas varenia: 12 minút

Ingrediencie:

marinované

1 polievková lyžica sójovej omáčky

1 lyžička mletého zázvoru

½ šálky kokosového mlieka

2 polievkové lyžice javorového sirupu

½ šálky ananásovej šťavy

2 lyžice horúcej omáčky

Ryby

1 kg rybieho filé nakrájaného na prúžky

korenie podľa chuti

1 šálka strúhanky

1 šálka kokosových vločiek (nesladených)

Sprej na pečenie

Inštrukcie:

1. Suroviny na marinádu zmiešame v miske.

2. Zbierajte prúžky rýb.

3. Prikryte a dajte na 2 hodiny do chladničky.

4. Predhrejte svoju fritézu na 375 stupňov F.

5. V miske zmiešame korenie, strúhanku a strúhaný kokos.

6. Rybie pásiky namáčame v strúhanke.

7. Fritovací košík postriekajte olejom.

8. Pridajte prúžky rýb do fritovacieho košíka.

9. Smažte 6 minút z každej strany.

porcie mexických rýb: 2

Čas varenia: 10 minút

Ingrediencie:

4 rybie filé

2 čajové lyžičky mexického oregana

4 lyžičky rasce

4 čajové lyžičky čili prášku

korenie podľa chuti

Sprej na pečenie

Inštrukcie:

1. Predhrejte svoju fritézu na 400 stupňov F.

2. Rybu postriekame olejom.

3. Rybu z oboch strán okoreníme a okoreníme.

4. Rybu vložte do fritovacieho košíka.

5. Varte 5 minút.

6. Otočte a varte ďalších 5 minút.

Porcie pstruha s uhorkovou omáčkou: 4

Čas varenia: 10 minút

Ingrediencie:

Petržlen:

1 anglická uhorka nakrájaná na kocky

¼ šálky nesladeného kokosového jogurtu

2 lyžice mletej čerstvej mäty

1 šalotka, biele a zelené časti, nasekané

1 lyžička surového medu

Morská soľ

Ryby:

4 (5 oz) filety zo pstruha, sušené

1 lyžica olivového oleja

Morská soľ a čerstvo mleté čierne korenie podľa chuti<u>Inštrukcie:</u>

1. Pripravte omáčku: V malej miske vyšľahajte jogurt, uhorku, mätu, pažítku, med a morskú soľ, kým sa úplne nezmiešajú. Odložte bokom.

2. Na čistej pracovnej doske zľahka potrieme filety zo pstruha s morskou soľou a korením.

3. Olej zohrejte vo veľkej panvici na strednom ohni. Pridajte filety zo pstruha na rozpálenú panvicu a smažte asi 10 minút, pričom rybu v polovici otočte alebo kým sa neuvarí podľa vašich predstáv.

4. Rybu posypeme petržlenovou vňaťou a podávame.

Nutričné informácie:kalórií: 328; tuky: 16,2 g; bielkoviny: 38,9 g; Sacharidy: 6,1 g

; vláknina: 1,0 g; cukor: 3,2 g; sodík: 477 mg

Porcie kreviet Lemon Zoodles: 4

Čas varenia: 0 minút

Ingrediencie:

omáčka:

½ šálky lístkov čerstvej bazalky

Šťava z 1 citróna (alebo 3 polievkové lyžice)

1 lyžička mletého cesnaku vo fľaši

štipka morskej soli

Štipka čerstvo mletého čierneho korenia

¼ šálky konzervovaného plnotučného kokosového mlieka

1 veľká žltá tekvica, julienizovaná alebo špirálovitá 1 veľká cuketa, julienizovaná alebo špirálovitá

1 libra (454 g) kreviet, olúpaných, uvarených, olúpaných a vychladených
Kôra z 1 citróna (voliteľné)

Inštrukcie:

1. Pripravte dresing: Lístky bazalky, citrónovú šťavu, cesnak, morskú soľ a korenie spracujte v kuchynskom robote, kým nie sú nakrájané nadrobno.

2. Počas chodu procesora pomaly prilievame kokosové mlieko. Pulzujte do hladka.

3. Presuňte omáčku do veľkej misy spolu so žltou tekvicou a cuketou. Dobre premiešajte.

4. Na rezance nasypte krevety a citrónovú kôru (ak chcete). Ihneď podávajte.

<u>Nutričné informácie:</u>kalórií: 246; tuk: 13,1 g; bielkoviny: 28,2g; sacharidy: 4,9 g

; vláknina: 2,0 g; cukor: 2,8 g; sodík: 139 mg

Porcie chrumkavých kreviet: 4

Čas varenia: 3 minúty

Ingrediencie:

1 libra kreviet, olúpaných a zbavených vnútorností

½ šálky zmesi na obaľovanie rýb

Sprej na pečenie

Inštrukcie:

1. Predhrejte svoju fritézu na 390 stupňov F.

2. Krevety postriekame olejom.

3. Posypeme zmesou na pečenie.

4. Fritovací košík postriekajte olejom.

5. Pridajte krevety do fritovacieho košíka.

6. Varte 3 minúty.

Porcie grilovaného morského vlka: 2

Ingrediencie:

2 nasekané strúčiky cesnaku

Pepper.

1 polievková lyžica. citrónová šťava

2 filety z bieleho morského vlka

¼ lyžičky. bylinková koreniaca zmes

Inštrukcie:

1. Zapekaciu misu vymastíme trochou oleja a poukladáme filé.

2. Posypte filé citrónovou šťavou, cesnakom a korením.

3. Grilujte asi 10 minút alebo kým ryba nie je zlatohnedá.

4. Ak chcete, podávajte s restovaným špenátom.

Nutričné informácie:Kalórie: 169, Tuky: 9,3 g, Sacharidy: 0,34 g, Bielkoviny: 15,3

g, cukry: 0,2 g, sodík: 323 mg

Porcie lososových koláčov: 4

Čas varenia: 10 minút

Ingrediencie:

Sprej na pečenie

1 libra filé z lososa, vločky

¼ šálky mandľovej múky

2 čajové lyžičky korenia Old Bay

1 zelená cibuľa, nakrájaná

Inštrukcie:

1. Predhrejte svoju fritézu na 390 stupňov F.

2. Fritovací košík postriekajte olejom.

3. V miske zmiešame zvyšné ingrediencie.

4. Zo zmesi tvarujte karbonátky.

5. Obe strany hamburgerov postriekame olejom.

6. Smažte 8 minút.

Porcie pikantnej tresky: 4

Ingrediencie:

2 polievkové lyžice. nasekanú čerstvú petržlenovú vňať

2 libry. filety z tresky

2 c. salsa s nízkym obsahom sodíka

1 polievková lyžica. olej bez chuti

Inštrukcie:

1. Predhrejte rúru na 350 °F.

2. Vo veľkom hlbokom pekáči polejte dno olivovým olejom.

Na tanier položíme filety z tresky. Rybu posypeme petržlenovou vňaťou. Zakryte hliníkovou fóliou na 20 minút. Na posledných 10 minút varenia odstráňte fóliu.

3. Pečieme v rúre 20 až 30 minút, kým sa ryba nelúpe.

4. Podávame s bielou alebo hnedou ryžou. Ozdobíme petržlenovou vňaťou.

Nutričné informácie:Kalórie: 110, Tuky: 11 g, Sacharidy: 83 g, Bielkoviny: 16,5 g, Cukry: 0 g, Sodík: 122 mg

Porcie pasty z údeného pstruha: 2

Ingrediencie:

2 lyžičky. čerstvá citrónová šťava

½ c. nízkotučný tvaroh

1 stonka nakrájaného zeleru

¼ lb filet z údeného pstruha bez kože,

½ lyžičky worcesterská omáčka

1 lyžička. papriková omáčka

¼ c. nahrubo nakrájanú červenú cibuľu

Inštrukcie:

1. V mixéri alebo kuchynskom robote vyšľaháme pstruha, tvaroh, červenú cibuľu, citrónovú šťavu, chilli omáčku a worcestrovú omáčku.

2. Spracujte do hladka, podľa potreby zastavte, aby ste zoškrabali boky misky.

3. Zložte na kocky nakrájaný zeler.

4. Uchovávajte vo vzduchotesnej nádobe v chladničke.

Nutričné informácie:Kalórie: 57, Tuky: 4 g, Sacharidy: 1 g, Bielkoviny: 4 g, Cukry: 0 g, Sodík: 660 mg

Porcie tuniaka a šalotky: 4

Ingrediencie:

½ c. kurací vývar s nízkym obsahom sodíka

1 polievková lyžica. oleja

4 filety tuniaka bez kostí a kože

2 nakrájané šalotky

1 lyžička. paprika

2 polievkové lyžice. Limonáda

¼ lyžičky. čierne korenie

Inštrukcie:

1. Panvicu s olejom rozohrejeme na stredne vysokú teplotu, pridáme šalotku a restujeme 3 minúty.

2. Pridajte rybu a opekajte 4 minúty z každej strany.

3. Pridajte zvyšné suroviny, povarte ďalšie 3 minúty, rozdeľte na taniere a podávajte.

Nutričné informácie:Kalórie: 4040, Tuky: 34,6 g, Sacharidy: 3 g, Bielkoviny: 21,4 g, Cukry: 0,5 g, Sodík: 1000 mg

Porcie citrónovo-paprikových kreviet: 2

Čas varenia: 10 minút

Ingrediencie:

1 lyžica citrónovej šťavy

1 lyžica olivového oleja

1 lyžička citrónového korenia

¼ lyžičky cesnakového prášku

¼ lyžičky papriky

12 oz. krevety, olúpané a zbavené vnútorností

Inštrukcie:

1. Predhrejte svoju fritézu na 400 stupňov F.

2. V miske zmiešame citrónovú šťavu, olivový olej, citrónové korenie, cesnakový prášok a papriku.

3. Krevety rozmixujeme a zmesou rovnomerne zalejeme.

4. Pridajte do fritézy.

5. Varte 8 minút.

Počet porcií steaku z horúceho tuniaka: 6

Ingrediencie:

2 polievkové lyžice. čerstvá citrónová šťava

Pepper.

Cesnaková majonéza s praženým pomarančom

¼ c. celé čierne korenie

6 nakrájaných steakov z tuniaka

2 polievkové lyžice. extra panenský olivový olej

soľ

Inštrukcie:

1. Umiestnite tuniaka do servírovacej misy. Pridajte olivový olej, citrónovú šťavu, soľ a korenie. Tuniaka otočte, aby sa dobre obalil v marináde. Necháme odpočívať 15 až 20

minút, raz otočením.

2. Zrnká korenia vložte do dvojito hrubých plastových vrecúšok. Zrnká korenia udrite ťažkou panvicou alebo malou paličkou, aby ste ich nahrubo rozdrvili. Položte na veľký tanier.

3. Pri varení tuniaka namáčame okraje v mletom čiernom korení. Zahrejte nepriľnavú panvicu na strednú teplotu. Steaky z tuniaka opekajte, v prípade potreby po dávkach, 4 minúty z každej strany pre stredne vzácne ryby, pričom v prípade potreby pridajte na panvicu 2 až 3 polievkové lyžice marinády, aby sa neprilepili.

4. Podávame obaľované s cesnakovou majonézou a pečeným pomarančom<u>Nutričné informácie:</u>Kalórie: 124, Tuky: 0,4 g, Sacharidy: 0,6 g, Bielkoviny: 28 g, Cukry: 0 g, Sodík: 77 mg

Porcie cajunského lososa: 2

Čas varenia: 10 minút

Ingrediencie:

2 filety z lososa

Sprej na pečenie

1 lyžica cajunského korenia

1 lyžica medu

Inštrukcie:

1. Predhrejte svoju fritézu na 390 stupňov F.

2. Obe strany ryby postriekame olejom.

3. Posypeme cajunským korením.

4. Fritovací košík postriekajte olejom.

5. Pridajte lososa do fritovacieho košíka.

6. Smažte 10 minút.

Quinoa Miska lososa so zeleninou

Porcie: 4

Čas varenia: 0 minút

Ingrediencie:

1 libra (454 g) vareného lososa vo vločkách

4 šálky uvarenej quinoa

6 na tenké plátky nakrájané reďkovky

1 cuketa nakrájaná na polmesiace

3 šálky rukoly

3 nasekaná pažítka

½ šálky mandľového oleja

1 lyžička nesladenej horúcej omáčky

1 lyžica jablčného octu

1 lyžička morskej soli

½ šálky pražených strúhaných mandlí, na ozdobu (voliteľné)Inštrukcie:

1. Vo veľkej mise zmiešajte lososa vo vločkách, uvarenú quinou, reďkovky, cuketu, rukolu a pažítku a dobre premiešajte.

2. Pridajte mandľový olej, horúcu omáčku, jablčný ocot a morskú soľ a dobre premiešajte.

3. Zmes rozdeľte do štyroch misiek. Ak chcete, každú misku rovnomerne posypte strúhanými mandľami na ozdobu. Ihneď podávajte.

Nutričné informácie:kalórií: 769; tuky: 51,6 g; bielkoviny: 37,2g; sacharidy: 44,8 g; vláknina: 8,0g; cukor: 4,0 g; sodík: 681 mg

Porcie obaľovanej ryby: 4

Čas varenia: 15 minút

Ingrediencie:

¼ šálky olivového oleja

1 šálka suchej strúhanky

4 filety z bielej ryby

korenie podľa chuti

Inštrukcie:

1. Predhrejte svoju fritézu na 350 stupňov F.

2. Obe strany ryby posypeme korením.

3. V miske zmiešame olej a strúhanku.

4. Rybu ponorte do zmesi.

5. Stlačte strúhanku, aby priľnula.

6. Vložte rybu do fritézy.

7. Varte 15 minút.

Porcie jednoduchých lososových placiek: 4

Čas varenia: 8 až 10 minút

Ingrediencie:

1 libra (454 g) filé z lososa bez kože, nasekaná ¼ šálky nasekanej sladkej cibule

½ šálky mandľovej múky

2 strúčiky cesnaku, mleté

2 vajcia, rozšľahané

1 lyžička dijonskej horčice

1 polievková lyžica čerstvo vylisovanej citrónovej šťavy

Vločky červenej papriky

½ lyžičky morskej soli

¼ lyžičky čerstvo mletého čierneho korenia

1 lyžica avokádového oleja

Inštrukcie:

1. Zmiešajte nakrájaného lososa, sladkú cibuľu, mandľovú múku, cesnak, rozšľahané vajcia, horčicu, citrónovú šťavu, vločky červenej papriky, morskú soľ a korenie vo veľkej mise a miešajte, kým sa dobre nespoja.

2. Lososovú zmes necháme 5 minút postáť.

3. Vyberte zmes lososa a ručne vytvarujte štyri ½ palca hrubé karbonátky.

4. Vo veľkej panvici zohrejte avokádový olej na strednom ohni. Pridajte karbonátky na rozpálenú panvicu a opekajte z každej strany 4 až 5 minút, kým jemne nezhnednú a neprepečú.

5. Odstavíme z ohňa a podávame na tanieri.

Nutričné informácie:kalórií: 248; tuky: 13,4 g; bielkoviny: 28,4g; Sacharidy: 4,1 g

; vláknina: 2,0 g; cukor: 2,0 g; sodík: 443 mg

Porcie popcornových kreviet: 4

Čas varenia: 10 minút

Ingrediencie:

½ lyžičky cibuľového prášku

½ lyžičky cesnakového prášku

½ lyžičky papriky

¼ lyžičky mletej horčice

⅛ lyžičky sušenej šalvie

⅛ lyžičky mletého tymiánu

⅛ lyžičky sušeného oregana

⅛ lyžičky sušenej bazalky

korenie podľa chuti

3 lyžice kukuričného škrobu

1 libra kreviet, olúpaných a zbavených vnútorností

Sprej na pečenie

Inštrukcie:

1. V miske zmiešame všetky ingrediencie okrem kreviet.

2. Krevety ponorte do zmesi.

3. Fritovací košík postriekajte olejom.

4. Predhrejte svoju fritézu na 390 stupňov F.

5. Pridajte krevety dovnútra.

6. Smažte 4 minúty.

7. Košom potraste.

8. Varte ďalších 5 minút.

Pikantné porcie pečenej ryby: 5

Ingrediencie:

1 polievková lyžica. oleja

1 lyžička. korenie bez soli

1 kg filé z lososa

Inštrukcie:

1. Predhrejte rúru na 350F.

2. Rybu pokvapkáme olivovým olejom a korením.

3. Pečieme 15 minút odokryté.

4. Nakrájajte a podávajte.

Nutričné informácie: Kalórie: 192, Tuky: 11 g, Sacharidy: 14,9 g, Bielkoviny: 33,1 g, Cukry: 0,3 g, Sodík: 505 6 mg

Porcie tuniaka s paprikou: 4

Ingrediencie:

½ lyžičky čili prášok

2 lyžičky. paprika

¼ lyžičky. čierne korenie

2 polievkové lyžice. oleja

4 vykostené steaky z tuniaka

Inštrukcie:

1. Panvicu s olivovým olejom rozohrejeme na stredne vysokej teplote, pridáme steaky z tuniaka, ochutíme paprikou, čiernym korením a čili, opečieme z každej strany 5 minút, rozdelíme na taniere a podávame so šalátom.

<u>Nutričné informácie:</u>Kalórie: 455, Tuky: 20,6 g, Sacharidy: 0,8 g, Bielkoviny: 63,8

g, cukry: 7,4 g, sodík: 411 mg

Porcie rybích placiek: 2

Čas varenia: 7 minút

Ingrediencie:

8 oz. filé z bielej ryby vo vločkách

cesnakový prášok podľa chuti

1 lyžička citrónovej šťavy

Inštrukcie:

1. Predhrejte svoju fritézu na 390 stupňov F.

2. Spojte všetky ingrediencie.

3. Zo zmesi tvarujte karbonátky.

4. Rybie karbonátky vložte do fritézy.

5. Varte 7 minút.

Grilované mušle s medovými porciami: 4

Čas varenia: 15 minút

Ingrediencie:

1 libra (454 g) veľkých lastúr, umyté a vysušené morskou soľou Dash

Posypte čerstvo mletým čiernym korením

2 lyžice avokádového oleja

¼ šálky surového medu

3 lyžice kokosových aminokyselín

1 lyžica jablčného octu

2 strúčiky cesnaku, mleté

Inštrukcie:

1. Do misky pridajte mušle, morskú soľ a korenie a dobre premiešajte.

2. Vo veľkej panvici zohrejte avokádový olej na stredne vysokej teplote.

3. Hrebenatky opekajte 2 až 3 minúty z každej strany, alebo kým nie sú mliečne biele alebo nepriehľadné a pevné.

4. Hrebenatky vyberte z tepla na tanier a voľne prikryte fóliou, aby zostali teplé. Odložte bokom.

5. Pridajte med, kokosové aminokyseliny, ocot a cesnak na panvicu a dobre premiešajte.

6. Priveďte do varu a za občasného miešania varte asi 7 minút, kým sa tekutina nezredukuje.

7. Opečené mušle vráťte na panvicu, premiešajte, aby sa pokryli polevou.

8. Rozdeľte mušle na štyri taniere a podávajte horúce.

Nutričné informácie:kalórií: 382; tuky: 18,9 g; bielkoviny: 21,2g; sacharidy: 26,1 g; vláknina: 1,0 g; cukor: 17,7 g; sodík: 496 mg

Filety z tresky s hubami Shiitake Porcie: 4

Čas varenia: 15 až 18 minút

Ingrediencie:

1 strúčik cesnaku, mletý

1 pór, nakrájaný na tenké plátky

1 lyžička mletého čerstvého koreňa zázvoru

1 lyžica olivového oleja

½ šálky suchého bieleho vína

½ šálky nakrájaných húb shiitake

4 (6 uncí / 170 g) filé z tresky

1 lyžička morskej soli

⅛ lyžičky čerstvo mletého čierneho korenia

Inštrukcie:

1. Predhrejte rúru na 375ºF (190ºC).

2. Cesnak, pór, koreň zázvoru, víno, olivový olej a šampiňóny zmiešame v pekáči a miešame, kým huby nie sú rovnomerne obalené.

3. Pečte v predhriatej rúre 10 minút, kým jemne nezhnednú.

4. Plech vyberieme z rúry. Navrch rozložíme filety tresky a ochutíme morskou soľou a korením.

5. Prikryjeme alobalom a vrátime do rúry. Pečieme 5 až 8 minút, alebo kým ryba nie je šupinatá.

6. Odstráňte fóliu a pred podávaním nechajte 5 minút vychladnúť.

<u>Nutričné informácie:</u>kalórií: 166; tuk: 6,9 g; bielkoviny: 21,2g; sacharidy: 4,8 g; vláknina: 1,0 g; cukor: 1,0 g; sodík: 857 mg

Porcie grilovaného bieleho morského vlka: 2

Ingrediencie:

1 lyžička. nasekaný cesnak

Mleté čierne korenie

1 polievková lyžica. citrónová šťava

8 oz. filé z bieleho morského vlka

¼ lyžičky. koreniaca zmes s bylinkami bez soli

Inštrukcie:

1. Predhrejte kurča a umiestnite stojan 4 palce od zdroja tepla.

2. Plech na pečenie zľahka postriekame sprejom na varenie. Vložte filé do pekáča. Filety posypeme citrónovou šťavou, cesnakom, bylinkovým korením a korením.

3. Grilujte, kým nebude ryba pri skúšaní špičkou noža nepriehľadná, asi 8 až 10 minút.

4. Ihneď podávajte.

Nutričné informácie:Kalórie: 114, Tuky: 2 g, Sacharidy: 2 g, Bielkoviny: 21 g, Cukry: 0,5 g, Sodík: 78 mg

Porcie štiky z pečených paradajok: 4-5

Ingrediencie:

½ c. Paradajková omáčka

1 polievková lyžica. oleja

Petržlen

2 nakrájané paradajky

½ c. strúhaný syr

4 libry. vykostená a nakrájaná merlúza

Soľ.

Inštrukcie:

1. Predhrejte rúru na 400 0F.

2. Rybu dochutíme soľou.

3. Na panvici alebo panvici; smažte ryby na olivovom oleji až do polovice varenia.

4. Vezmite štyri hliníkové fólie na zakrytie ryby.

5. Vymodelujte list tak, aby vyzeral ako nádoby; pridajte paradajkovú omáčku do každej alobalovej nádoby.

6. Pridajte rybu, plátky paradajok a zasypte strúhaným syrom.

7. Pečieme do zlatista, približne 20-25 minút.

minút.

8. Otvorte balíčky a prikryte petržlenovou vňaťou.

<u>Nutričné informácie:</u>Kalórie: 265, Tuky: 15 g, Sacharidy: 18 g, Bielkoviny: 22 g, Cukry: 0,5 g, Sodík: 94,6 mg

Porcie grilovanej tresky s cviklou: 4

Čas varenia: 30 minút

Ingrediencie:

8 repy, olúpané a nakrájané na osminky

2 šalotky nakrájané na tenké plátky

2 polievkové lyžice jablčného octu

2 lyžice olivového oleja, rozdelené

1 lyžička mletého cesnaku vo fľaši

1 lyžička mletého čerstvého tymiánu

štipka morskej soli

4 (5 uncí / 142 g) filé z tresky jednoškvrnnej, sušené<u>Inštrukcie:</u>

1. Predhrejte rúru na 400ºF (205ºC).

2. Zmiešajte repu, šalotku, ocot, 1 lyžicu olivového oleja, cesnak, tymian a morskú soľ v strednej miske a dobre premiešajte.

Cviklovú zmes rozotrieme na plech.

3. Pečte v predhriatej rúre asi 30 minút, pričom raz alebo dvakrát otočte vareškou, alebo kým cvikla nezmäkne.

4. Medzitým zohrejte zvyšnú 1 lyžicu olivového oleja vo veľkej panvici na stredne vysokej teplote.

5. Pridajte tresku a opekajte z každej strany 4 až 5 minút, alebo kým mäso nebude matné a ľahko sa rozpadne.

6. Rybu preložíme na tanier a podávame s pečenou cviklou navrchu.

<u>Nutričné informácie:</u>kalórií: 343; tuk: 8,8 g; bielkoviny: 38,1 g; sacharidy: 20,9 g

; vláknina: 4,0 g; cukor: 11,5 g; sodík: 540 mg

Úprimné porcie taveného tuniaka: 4

Ingrediencie:

3 oz. strúhaný nízkotučný syr čedar

1/3 c. nakrájaný zeler

čierne korenie a soľ

¼ c. nakrájanú cibuľu

2 celozrnné anglické muffiny

6 oz. scedený biely tuniak

¼ c. Ruský s nízkym obsahom tuku

Inštrukcie:

1. Predhrejte kurča. Skombinujte tuniaka, zeler, cibuľu a šalátový dresing.

2. Dochutíme soľou a korením.

3. Polovičky anglických muffinov opečte.

4. Položte na plech na pečenie rozdelenou stranou nahor a na každý vrch dajte 1/4 zmesi tuniaka.

5. Grilujte 2 až 3 minúty alebo kým sa neprehreje.

6. Navrch položte syr a vráťte do rúry, kým sa syr neroztopí, asi o 1 minútu dlhšie.

Nutričné informácie:Kalórie: 320, Tuky: 16,7 g, Sacharidy: 17,1 g, Bielkoviny: 25,7

g, cukry: 5,85 g, sodík: 832 mg

Porcie citrónového lososa s kafírovou limetkou:
8

Ingrediencie:

1 stonka citrónovej trávy, nakrájaná na plátky a nakrájaná na kúsky

2 natrhané listy kafírovej limetky

1 citrón na tenké plátky

1 ½ c. čerstvé listy koriandra

1 celý filet z lososa

Inštrukcie:

1. Predhrejte rúru na 350 °F.

2. Plech na pečenie prikryte hliníkovou fóliou tak, aby sa strany prekrývali. Možnosť: dochutíme soľou a korením.

4. Pred zložením pečiatky presuňte dlhú stranu listu do stredu.

Konce zrolujeme, aby sa losos uzavrel.

5. Pečieme 30 minút.

6. Uvarenú rybu preložíme na tanier. Navrch dajte čerstvý koriander.

Podávame s bielou alebo hnedou ryžou.

<u>Nutričné informácie:</u>Kalórie: 103, Tuky: 11,8 g, Sacharidy: 43,5 g, Bielkoviny: 18 g, Cukry: 0,7 g, Sodík: 322 mg

Jemný losos v horčicovej omáčke Porcie: 2

Ingrediencie:

5 polievkových lyžíc. nasekaný kôpor

2/3 c. krém

Pepper.

2 polievkové lyžice. dijonská horčica

1 lyžička. cesnakový prášok

5 oz. filety z lososa

2-3 lyžice. Citrónová šťava

Inštrukcie:

1. Zmiešame kyslú smotanu, horčicu, citrónovú šťavu a kôpor.

2. Filety ochutíme korením a cesnakovým práškom.

3. Lososa poukladáme na plech kožou nadol a zalejeme pripravenou horčicovou omáčkou.

4. Pečieme 20 minút pri 390°F.

Nutričné informácie:Kalórie: 318, Tuky: 12 g, Sacharidy: 8 g, Bielkoviny: 40,9 g, Cukry: 909,4 g, Sodík: 1,4 mg

Porcie krabieho šalátu: 4

Ingrediencie:

2 c. krabie mäso

1 c. cherry paradajky nakrájané na polovicu

1 polievková lyžica. oleja

čierne korenie

1 nakrájanú šalotku

1/3 c. nasekaný koriandr

1 polievková lyžica. citrónová šťava

Inštrukcie:

1. V miske zmiešame kraba s paradajkami a ostatnými ingredienciami, premiešame a podávame.

Nutričné informácie:Kalórie: 54, Tuky: 3,9 g, Sacharidy: 2,6 g, Bielkoviny: 2,3 g, Cukry: 2,3 g, Sodík: 462,5 mg

Pečený losos s miso omáčkou Porcie: 4

Čas varenia: 15 až 20 minút

Ingrediencie:

omáčka:

¼ šálky jablčného muštu

¼ šálky bieleho miso

1 lyžica olivového oleja

1 lyžica bieleho ryžového octu

⅛ lyžičky mletého zázvoru

4 (3 až 4 unce / 85 až 113 g) vykostené filety z lososa 1 cibuľka, nakrájaná na plátky, na ozdobu

⅛ lyžičky vločiek červenej papriky na ozdobu

Inštrukcie:

1. Predhrejte rúru na 375ºF (190ºC).

2. Pripravte omáčku: Jablčný mušt, biele miso, olivový olej, ryžový ocot a zázvor rozšľahajte v malej miske. Ak chcete redšiu konzistenciu, pridajte trochu vody.

3. Filety lososa poukladáme na plech kožou nadol. Pripravenou omáčkou natrieme filety, aby sa rovnomerne obalili.

4. Pečte v predhriatej rúre 15 až 20 minút, alebo kým sa ryba ľahko nelúpe vidličkou.

5. Ozdobte nakrájanou cibuľkou a vločkami červenej papriky a podávajte.

Nutričné informácie:kalórií: 466; tuky: 18,4 g; bielkoviny: 67,5 g; Sacharidy: 9,1 g

; vláknina: 1,0 g; cukor: 2,7 g; sodík: 819 mg

Pečená treska s bylinkami a medom Porcie: 2

Ingrediencie:

6 polievkových lyžíc. bylinková plnka

8 oz. filety z tresky

2 polievkové lyžice. Med

Inštrukcie:

1. Predhrejte rúru na 375 0F.

2. Plech na pečenie zľahka postriekame sprejom na varenie.

3. Plnku s bylinkovou príchuťou vložte do vrecka a uzavrite. Rozdrvte plnku, až kým nebude drobivá.

4. Rybu natrite medom a zvyšný med vyhoďte.

Pridajte filé do vrecka s plnkou a jemne pretrepte, aby sa ryba úplne obalila.

5. Tresku preložíme na plech a postup zopakujeme aj pri druhej rybe.

6. Filety zabaľte do hliníkovej fólie a pečte, kým nebudú pevné a nepriehľadné. Urobte test špičkou noža, asi desať minút.

7. Podávajte horúce.

Nutričné informácie:Kalórie: 185, Tuky: 1 g, Sacharidy: 23 g, Bielkoviny: 21 g, Cukry: 2 g, Sodík: 144,3 mg

Mix tresky s parmezánom Počet porcií: 4

Ingrediencie:

1 polievková lyžica. citrónová šťava

½ c. nakrájanú zelenú cibuľku

4 vykostené filety tresky

3 nasekané strúčiky cesnaku

1 polievková lyžica. oleja

½ c. chudý strúhaný parmezán

Inštrukcie:

1. Panvicu s olejom rozohrejeme na miernom ohni, pridáme cesnak a pažítku, premiešame a 5 minút restujeme.

2. Pridajte rybu a opekajte 4 minúty z každej strany.

3. Pridajte citrónovú šťavu, posypte parmezánom, povarte ďalšie 2 minúty, rozdeľte na taniere a podávajte.

Nutričné informácie:Kalórie: 275, Tuky: 22,1 g, Sacharidy: 18,2 g, Bielkoviny: 12 g, Cukry: 0,34 g, Sodík: 285,4 mg

Porcie chrumkavých cesnakových kreviet: 4

Čas varenia: 10 minút

Ingrediencie:

1 libra kreviet, olúpaných a zbavených vnútorností

2 čajové lyžičky cesnakového prášku

korenie podľa chuti

¼ šálky múky

Sprej na pečenie

Inštrukcie:

1. Krevety ochutíme cesnakovým práškom a korením.

2. Obložíme múkou.

3. Fritovací košík postriekajte olejom.

4. Pridajte krevety do fritovacieho košíka.

5. Varte pri 400 stupňoch F počas 10 minút, raz v polovici premiešajte.

Krémová zmes morských vlkov: 4

Ingrediencie:

1 polievková lyžica. nasekanú petržlenovú vňať

2 polievkové lyžice. avokádový olej

1 c. Kokosový krém

1 polievková lyžica. Limonáda

1 nakrájaná žltá cibuľa

¼ lyžičky. čierne korenie

4 vykostené filety z morského vlka

Inštrukcie:

1. Panvicu s olivovým olejom rozohrejeme na strednom ohni, pridáme cibuľu, premiešame a 2 minúty restujeme.

2. Pridajte rybu a opekajte 4 minúty z každej strany.

3. Pridajte zvyšné suroviny, povarte ďalšie 4 minúty, rozdeľte na taniere a podávajte.

Nutričné informácie:Kalórie: 283, Tuky: 12,3 g, Sacharidy: 12,5 g, Bielkoviny: 8 g, Cukry: 6 g, Sodík: 508,8 mg

Uhorka Ahi Poke Porcie: 4

Čas varenia: 0 minút

Ingrediencie:

Ahi Poke:

454 g sushi ahi tuniaka, nakrájaného na 1-palcové kocky 3 lyžice kokosových aminokyselín

3 jarné cibuľky, nakrájané na tenké plátky

1 serrano korenie, zbavené semienok a nakrájané (voliteľné) 1 lyžička olivového oleja

1 lyžička ryžového octu

1 lyžička opečených sezamových semienok

mletý zázvor

1 veľké avokádo, nakrájané na kocky

1 uhorka nakrájaná na ½ palca hrubé plátky<u>Inštrukcie:</u>

1. Urobte ahi poke: Kocky ahi tuniaka premiešajte s kokosovými aminokyselinami, cibuľkou, korením serrano (ak chcete), olejom, octom, sezamovými semienkami a zázvorom do veľkej misy.

2. Misku prikryte plastovou fóliou a marinujte v chladničke 15 minút.

3. Pridajte na kocky nakrájané avokádo do misky ahi poke a premiešajte, aby sa spojilo.

4. Plátky uhorky poukladajte na servírovací tanier. Lyžičkou naneste ahi poke na uhorku a podávajte.

Nutričné informácie: kalórií: 213; tuk: 15,1 g; bielkoviny: 10,1 g; sacharidy: 10,8 g; vláknina: 4,0 g; cukor: 0,6 g; sodík: 70 mg

Porcie zmesi mätovej tresky: 4

Ingrediencie:

4 vykostené filety tresky

½ c. kurací vývar s nízkym obsahom sodíka

2 polievkové lyžice. oleja

¼ lyžičky. čierne korenie

1 polievková lyžica. nasekanú mätu

1 lyžička. citrónová kôra

¼ c. nakrájanú cibuľu

1 polievková lyžica. citrónová šťava

Inštrukcie:

1. Panvicu s olejom rozohrejeme na strednom ohni, pridáme šalotku, premiešame a 5 minút restujeme.

2. Pridajte tresku, citrónovú šťavu a zvyšné ingrediencie, priveďte do varu a na miernom ohni varte 12 minút.

3. Všetko rozdeľte na taniere a podávajte.

Nutričné informácie:Kalórie: 160, Tuky: 8,1 g, Sacharidy: 2 g, Bielkoviny: 20,5 g, Cukry: 8 g, Sodík: 45 mg

Porcie krémovej tilapie a citrónu: 4

Ingrediencie:

2 polievkové lyžice. nasekaný čerstvý koriander

¼ c. majonéza s nízkym obsahom tuku

Čerstvo mleté čierne korenie

¼ c. čerstvá citrónová šťava

4 filety tilapie

½ c. chudý strúhaný parmezán

½ lyžičky cesnakový prášok

Inštrukcie:

1. V miske zmiešame všetky ingrediencie okrem filé tilapie a koriandra.

2. Filety rovnomerne natrieme majonézovou zmesou.

3. Filety položíme na veľkú fóliu. Omotajte okolo filé hliníkovú fóliu, aby ste ich utesnili.

4. Umiestnite alobalový balíček na dno veľkého pomalého hrnca.

5. Pomalý hrniec nastavte na nízku úroveň.

6. Prikryjeme a varíme 3-4 hodiny.

7. Podávajte s koriandrovou ozdobou.

Nutričné informácie:Kalórie: 133,6, Tuky: 2,4 g, Sacharidy: 4,6 g, Bielkoviny: 22 g, Cukry: 0,9 g, Sodík: 510,4 mg

Porcie rybieho tacosu: 4

Čas varenia: 20 minút

Ingrediencie:

Sprej na pečenie

1 lyžica olivového oleja

4 šálky kapusty

1 lyžica jablčného octu

1 lyžica citrónovej šťavy

kajenské korenie

korenie podľa chuti

2 lyžice korenia taco

¼ šálky pšeničnej múky

1 kg filé z tresky nakrájanej na kocky

4 kukuričné tortilly

Inštrukcie:

1. Predhrejte svoju fritézu na 400 stupňov F.

2. Fritovací košík postriekajte olejom.

3. V miske zmiešajte olivový olej, kapustový šalát, ocot, citrónovú šťavu, kajenské korenie a korenie.

4. V ďalšej miske zmiešajte taco korenie a múku.

5. Kocky ryby natrite zmesou na korenie taco.

6. Pridajte ich do fritovacieho košíka.

7. Vyprážajte 10 minút, pričom v polovici pretrepte.

8. Kukuričné tortilly obložíme kapustovým šalátom a zmesou rýb a zvinieme.

Zmes morského vlka so zázvorom Porcie: 4

Ingrediencie:

4 vykostené filety z morského vlka

2 polievkové lyžice. oleja

1 lyžička. strúhaný zázvor

1 polievková lyžica. nasekaný koriandr

čierne korenie

1 polievková lyžica. balzamikový ocot

Inštrukcie:

1. Zohrejte panvicu s olivovým olejom na strednom ohni, pridajte rybu a opečte 5 minút z každej strany.

2. Pridajte zvyšné suroviny, povarte ďalších 5 minút, rozdeľte na taniere a podávajte.

Nutričné informácie:Kalórie: 267, Tuky: 11,2 g, Sacharidy: 1,5 g, Bielkoviny: 23 g, Cukry: 0,78 g, Sodík: 321,2 mg

Porcie kokosových kreviet: 4

Čas varenia: 6 minút

Ingrediencie:

2 vajcia

1 šálka nesladeného sušeného kokosu

¼ šálky kokosovej múky

¼ lyžičky papriky

pomlčka kajenské korenie

½ lyžičky morskej soli

Posypte čerstvo mletým čiernym korením

¼ šálky kokosového oleja

1 libra (454 g) surových kreviet, olúpaných, očistených a sušených**Inštrukcie:**

1. Vajcia vyšľaháme v malej miske do peny. Odložte bokom.

2. V samostatnej miske zmiešajte kokos, kokosovú múku, papriku, kajenské korenie, morskú soľ a čierne korenie a miešajte, kým sa dobre nespoja.

3. Krevety namáčame v rozšľahaných vajciach a namáčame v kokosovej zmesi. Vytraste všetok prebytok.

4. Zahrejte kokosový olej vo veľkej panvici na strednej vysokej teplote.

5. Pridajte krevety a varte 3 až 6 minút za občasného miešania, alebo kým nie je dužina úplne ružová a nepriehľadná.

6. Uvarené krevety preložíme na tanier vystlaný papierovou utierkou, aby odkvapkali. Podávajte horúce.

Nutričné informácie: kalórií: 278; tuk: 1,9 g; bielkoviny: 19,2g; sacharidy: 5,8 g; vláknina: 3,1g; cukor: 2,3 g; sodík: 556 mg

Porcie bravčového mäsa s tekvicou a muškátovým orieškom: 4

Čas varenia: 35 minút

Ingrediencie:

1 kg bravčového duseného mäsa, nakrájaného na kocky

1 cuketa, ošúpaná a nakrájaná na kocky

1 žltá cibuľa, nakrájaná

2 polievkové lyžice olivového oleja

2 strúčiky cesnaku, mleté

½ lyžičky garam masala

½ lyžičky muškátového orieška, mletého

1 lyžička čili vločiek, rozdrvené

1 lyžica balzamikového octu

Štipka morskej soli a čierneho korenia

Inštrukcie:

1. Panvicu s olivovým olejom rozohrejeme na stredne vysokú teplotu, pridáme cibuľu a cesnak a restujeme 5 minút.

2. Pridajte mäso a restujte ďalších 5 minút.

3. Pridajte zvyšné ingrediencie, premiešajte, varte na miernom ohni 25 minút, rozdeľte na taniere a podávajte.

Nutričné informácie:kalórií 348, tuk 18,2, vláknina 2,1, sacharidy 11,4, bielkoviny 34,3

Okorenená brokolica, karfiol a tofu s červenou cibuľou

Porcie: 2

Čas varenia: 25 minút

Ingrediencie:

2 šálky ružičiek brokolice

2 šálky ružičiek karfiolu

1 stredne veľká červená cibuľa, nakrájaná na kocky

3 polievkové lyžice extra panenského olivového oleja

1 lyžička soli

¼ lyžičky čerstvo mletého čierneho korenia

1 libra pevného tofu, nakrájaná na 1-palcové kocky

1 strúčik cesnaku, mletý

1 kus čerstvého zázvoru (¼ palca), mletého

Inštrukcie:

1. Predhrejte rúru na 400 °F.

2. Zmiešajte brokolicu, karfiol, cibuľu, olej, soľ a korenie vo veľkom pekáči a dobre premiešajte.

3. Opekajte, kým zelenina nezmäkne, 10 až 15 minút.

4. Pridáme tofu, cesnak a zázvor. Pečieme za 10 minút.

5. Do zapekacej misy jemne premiešajte ingrediencie, aby sa tofu spojilo so zeleninou a podávame.

Nutričné informácie:Kalórie 210 Celkový tuk: 15 g Celkové sacharidy: 11 g Cukor: 4 g Vláknina: 4 g Bielkoviny: 12 g Sodík: 626 mg

Porcie s fazuľou a lososom: 4

Čas varenia: 25 minút

Ingrediencie:

1 šálka konzervovanej čiernej fazule, scedených a opláchnutých 4 strúčikov cesnaku, mletého

1 žltá cibuľa, nakrájaná

2 polievkové lyžice olivového oleja

4 vykostené filety lososa

½ lyžičky koriandra, mletého

1 lyžička prášku z kurkumy

2 paradajky, nakrájané na kocky

½ šálky kuracieho vývaru

Štipka soli a čierneho korenia

½ lyžičky rascových semien

1 lyžica pažítky, mletej

Inštrukcie:

1. Panvicu s olivovým olejom rozohrejeme na strednom ohni, pridáme cibuľu a cesnak a restujeme 5 minút.

2. Pridajte rybu a opečte ju z každej strany 2 minúty.

3. Pridajte fazuľu a ostatné ingrediencie, jemne premiešajte a varte ďalších 10 minút.

4. Zmes rozdeľte medzi jedlá a podávajte hneď na obed.

<u>Nutričné informácie:</u>Kalórie 219, Tuky 8, Vláknina 8, Sacharidy 12, Bielkoviny 8

Porcie mrkvovej polievky: 4

Čas varenia: 40 minút

Ingrediencie:

1 šálka maslovej tekvice nasekanej

1 polievková lyžica. Olej

1 polievková lyžica. Korenie kurkuma

14 ½ oz. Kokosové mlieko, svetlé

3 šálky mrkvy, nakrájanej

1 pór, umytý a nakrájaný na plátky

1 polievková lyžica. zázvor, strúhaný

3 šálky zeleninového vývaru

1 šálka feniklu, nakrájaného

Soľ a korenie podľa chuti

2 strúčiky cesnaku, mleté

Inštrukcie:

1. Začnite zahrievaním holandskej rúry na stredne vysokú teplotu.

2. Za týmto účelom nalejte olej a pridajte fenikel, tekvicu, mrkvu a pór. Dobre premiešajte.

3. Teraz restujte 4 až 5 minút alebo kým nezmäkne.

4. Potom pridajte kurkumu, zázvor, korenie a cesnak. Varte ešte 1 až 2 minúty.

5. Potom zalejeme vývarom a kokosovým mliekom. Zápas dobre.

6. Potom priveďte zmes do varu a holandskú rúru prikryte.

7. Nechajte variť 20 minút.

8. Po uvarení preneste zmes do mixéra pri vysokej rýchlosti a mixujte 1 až 2 minúty, alebo kým nebude polievka hladká a krémová.

9. Skontrolujte korenie a v prípade potreby pridajte viac soli a korenia.

Nutričné informácie:Kalórie: 210,4 kcal Bielkoviny: 2,11 g Sacharidy: 25,64 gTuky: 10,91 g

Porcie zdravého makarónového šalátu: 6

Čas varenia: 10 minút

Ingrediencie:

1 balenie bezlepkových cestovín fusilli

1 šálka hroznových paradajok, nakrájaných na plátky

1 hrsť čerstvého koriandra, nasekaného

1 šálka rozpolených olív

1 šálka čerstvej bazalky, nasekanej

½ šálky olivového oleja

morská soľ podľa chuti

Inštrukcie:

1. Vyšľaháme olivový olej, nasekanú bazalku, koriander a morskú soľ.

Odložte bokom.

2. Cestoviny uvaríme podľa návodu na obale, precedíme a prepláchneme.

3. Cesto spojte s paradajkami a olivami.

4. Pridajte zmes olivového oleja a dobre premiešajte.

<u>Nutričné informácie:</u>Celkový obsah sacharidov 66 g Vláknina: 5 g Bielkoviny: 13 g Celkový obsah tukov: 23 g Kalórie: 525

Porcie cícerového kari: 4 až 6

Čas varenia: 25 minút

Ingrediencie:

2 × 15 oz. Cícer umytý, scedený a uvarený 2 polievkové lyžice. Olej

1 polievková lyžica. Korenie kurkuma

½ z 1 nakrájanej cibule

1 lyžička. kajenský, uzemnený

4 strúčiky cesnaku, mleté

2 lyžičky. čili prášok

15 oz. paradajkový pretlak

Čierne korenie, podľa potreby

2 polievkové lyžice. rajčinová pasta

1 lyžička. kajenský, uzemnený

½ lyžice. javorový sirup

½ z 15 oz. plechovka kokosového mlieka

2 lyžičky. rasca, mletá

2 lyžičky. údená paprika

Inštrukcie:

1. Zohrejte veľkú panvicu na stredne vysokú teplotu. Za týmto účelom vložte olej.

2. Keď je olej rozpálený, pridáme cibuľu a restujeme 3 až 4

minút alebo do zmäknutia.

3. Potom dáme paradajkový pretlak, javorový sirup, všetky koreniny, paradajkový pretlak a cesnak. Dobre premiešajte.

4. Potom pridajte uvarený cícer spolu s kokosovým mliekom, čiernym korením a soľou.

5. Teraz to dobre premiešajte a nechajte variť 8 až 10

minút alebo do zhustnutia.

6. Pokvapkáme limetkovou šťavou a podľa potreby ozdobíme koriandrom.

Nutričné informácie:Kalórie: 224 kcal Bielkoviny: 15,2 g Sacharidy: 32,4 gTuky: 7,5 g

Zloženie mletého hovädzieho mäsa Stroganoff:

1 libra chudého mletého hovädzieho mäsa

1 malá nakrájaná cibuľa

1 strúčik mletého cesnaku

3/4 lb nakrájaných mladých húb

3 lyžice múky

2 šálky hovädzieho vývaru

Soľ a korenie podľa chuti

2 čajové lyžičky worcesterskej omáčky

3/4 šálky kyslej smotany

2 polievkové lyžice novej petržlenovej vňate

Inštrukcie:

1. Tmavo sfarbený mletý hamburger, cibuľa a cesnak (snažte sa, aby ste na vrchu nič nerozdelili), kým nezostane ružová. Tukový kanál.

2. Pridajte nakrájané huby a varte 2-3 minúty. Primiešame múku a postupne varíme 1 minútu.

3. Pridajte vývar, worčestrovú omáčku, soľ a korenie a priveďte do varu. Znížte teplotu a varte na nízkej teplote 10 minút.

Varte vaječné rezance podľa pokynov na obale.

4. Mäsovú zmes odstavte z ohňa, vmiešajte kyslú smotanu a petržlenovú vňať.

5. Podávajte cez vaječné rezance.

Porcie pikantných rebier: 4

Čas varenia: 65 minút

Ingrediencie:

2 libry. hovädzie rebrá

1 ½ lyžičky olivového oleja

1 ½ lyžičky sójovej omáčky

1 lyžica worcesterskej omáčky

1 polievková lyžica stévie

1 ¼ šálky nakrájanej cibule.

1 lyžica mletého cesnaku

1/2 šálky červeného vína

⅓ šálky kečupu, nesladeného

Soľ a čierne korenie podľa chuti

Inštrukcie:

1. Rebierka nakrájame na 3 časti a potrieme čiernym korením a soľou.

2. Pridajte olej do Instant Pot a stlačte Saute.

3. Rebierka vložíme do oleja a opekáme 5 minút z každej strany.

4. Pridajte cibuľu a restujte 4 minúty.

5. Pridajte cesnak a varte 1 minútu.

6. Zvyšné suroviny vyšľaháme v miske a nalejeme na rebrá.

7. Nasaďte tlakové veko a varte 55 minút v manuálnom režime pri vysokom tlaku.

8. Keď budete pripravení, prirodzene uvoľnite tlak a odstráňte veko.

9. Podávajte horúce.

<u>Nutričné informácie:</u>Kalórie 555, sacharidy 12,8 g, bielkoviny 66,7 g, tuky 22,3 g, vláknina 0,9 g

Porcie kuracieho mäsa a bezlepkovej rezancovej polievky: 4

Čas varenia: 25 minút

Ingrediencie:

¼ šálky extra panenského olivového oleja

3 stonky zeleru, nakrájané na ¼-palcové plátky

2 stredné mrkvy, nakrájané na ¼-palcové kocky

1 malá cibuľa, nakrájaná na ¼-palcové kocky

1 vetvička čerstvého rozmarínu

4 šálky kuracieho vývaru

8 uncí bezlepkové penne

1 lyžička soli

¼ lyžičky čerstvo mletého čierneho korenia

2 šálky pečeného kurčaťa nakrájaného na kocky

¼ šálky jemne nasekanej čerstvej petržlenovej vňate<u>Inštrukcie:</u>

1. Vo veľkom hrnci zohrejte olej na vysokej teplote.

2. Pridajte zeler, mrkvu, cibuľu a rozmarín a restujte do mäkka 5 až 7 minút.

3. Pridajte vývar, penne, soľ a korenie a priveďte do varu.

4. Priveďte do varu a varte, kým penne nezmäknú, 8 až 10 minút.

5. Odstráňte a zlikvidujte vetvičku rozmarínu a pridajte kuracie mäso a petržlenovú vňať.

6. Znížte teplo na minimum. Varte za 5 minút a podávajte.

<u>Nutričné informácie:</u>Kalórie 485 Celkový tuk: 18 g Celkové sacharidy: 47 g Cukor: 4 g Vláknina: 7 g Bielkoviny: 33 g Sodík: 1423 mg

Porcie šošovicového kari: 4

Čas varenia: 40 minút

Ingrediencie:

2 lyžičky. horčičné semienka

1 lyžička. šafran, uzemnený

1 šálka namočenej šošovice

2 lyžičky. Semená rasce

1 paradajka, veľká a nakrájaná

1 žltá cibuľa, nakrájaná nadrobno

4 šálky vody

Morská soľ, podľa potreby

2 mrkvy nakrájané na polmesiace

3 hrste nasekaných špenátových listov

1 lyžička. nasekaný zázvor

½ lyžičky čili prášok

2 polievkové lyžice. Kokosový olej

Inštrukcie:

1. Najprv vložte fazuľky mungo a vodu do hlbokej panvice na stredne vysokú teplotu.

2. Teraz priveďte fazuľovú zmes do varu a priveďte do varu.

3. Varte 20 až 30 minút alebo kým fazuľa mungo nezmäkne.

4. Ďalej zohrejte kokosový olej vo veľkej panvici na strednom ohni a vmiešajte horčičné semienka a rascu.

5. Ak horčičné semienka prasknú, pridáme cibuľu. Cibuľu orestujeme na 4

minút alebo kým nezmäknú.

6. Pridajte cesnak a pokračujte vo varení ďalšiu 1 minútu.

Keď je aromatická, vmiešajte kurkumu a čili prášok.

7. Potom pridajte mrkvu a paradajky — Varte 6 minút alebo kým nezmäknú.

8. Nakoniec pridáme uvarenú šošovicu a všetko dobre premiešame.

9. Pridajte špenátové listy a duste, kým nezvädnú. Odstráňte z ohňa. Podávajte teplé a vychutnajte si.

Nutričné informácie:Kalórie 290 kcal Bielkoviny: 14 g Sacharidy: 43 g Tuky: 8 g

Vyprážané kuracie a hráškové porcie: 4

Čas varenia: 10 minút

Ingrediencie:

1 ¼ šálky vykostených kuracích pŕs bez kože, na tenké plátky nakrájané 3 lyžice čerstvého koriandru, nasekaného

2 lyžice rastlinného oleja

2 lyžice sezamových semienok

1 zväzok pažítky, nakrájanej na tenké plátky

2 čajové lyžičky Sriracha

2 strúčiky cesnaku, mleté

2 lyžice ryžového octu

1 paprika, nakrájaná na tenké plátky

3 polievkové lyžice sójovej omáčky

2½ šálky zelených fazúľ

Soľ, podľa chuti

Čerstvo mleté čierne korenie, podľa chuti

Inštrukcie:

1. Olej zohrejte v panvici na strednom ohni. Pridajte na tenké plátky nakrájaný cesnak a pažítku. Varte jednu minútu, potom pridajte 2 ½ šálky hrášku spolu s paprikou. Varte do mäkka, len asi 3-4 minúty.

2. Pridajte kuracie mäso a varte asi 4-5 minút, alebo kým nie je uvarené.

3. Pridajte 2 ČL Sriracha, 2 ČL sezamových semienok, 3

lyžice sójovej omáčky a 2 lyžice ryžového octu. Všetko premiešajte, kým sa dobre nespojí. Varte do 2-3 minút na miernom ohni.

4. Pridajte 3 polievkové lyžice nasekaného koriandra a dobre premiešajte. Preneste a posypte extra sezamovými semienkami a koriandrom, ak je to potrebné. Užívať si!

Nutričné informácie:228 kalórií 11 g tuku 11 g celkových sacharidov 20 g bielkovín

Šťavnatá brokolica so sardelovými mandľami

Porcie: 6

Čas varenia: 10 minút

Ingrediencie:

2 zväzky brokolice, orezané

1 lyžica extra panenského olivového oleja

1 čerstvé červené chilli papričky zbavené semienok, nadrobno nakrájané 2 strúčiky cesnaku, nakrájané na tenké plátky

¼ šálky surových mandlí, nahrubo nasekaných

2 lyžičky citrónovej kôry, jemne nastrúhanej

Trochu citrónovej šťavy, čerstvej

4 ančovičky v oleji, nasekané

Inštrukcie:

1. Vo veľkej panvici zohrejte olej do veľmi horúceho stavu. Pridáme scedené ančovičky, cesnak, korenie a citrónovú kôru. Varíme do aromatickej, 30

sekúnd za stáleho miešania. Pridajte mandle a za stáleho miešania pokračujte vo varení ďalšiu minútu. Odstráňte z tepla a pridajte trochu čerstvej citrónovej šťavy.

2. Potom vložte brokolicu do parného košíka nad hrniec s vriacou vodou. Prikryjeme a varíme do chrumkava, 2

do 3 minút. Dobre sceďte a preneste na veľký tanier. Navrch dáme mandľovú zmes. Užívať si.

<u>Nutričné informácie:</u>kcal 350 Tuky: 7 g Vláknina: 3 g Bielkoviny: 6 g

Porcie shiitake špenátových placiek: 8

Čas varenia: 15 minút

Ingrediencie:

1 ½ šálky nasekaných húb shiitake

1 ½ šálky špenátu, nakrájaného

3 strúčiky cesnaku, mleté

2 cibule, nakrájané

4 lyžičky. oleja

1 vajce

1 ½ šálky quinoa, uvarená

1 ½ lyžičky. talianske korenie

1/3 šálky pražených, mletých slnečnicových semienok

1/3 šálky syra pecorino, strúhaný

Inštrukcie:

1. Na panvici rozohrejeme olej. Keď sú huby shiitake horúce, poduste ich 3 minúty alebo do zhnednutia. Pridajte cesnak a cibuľu. Duste 2 minúty alebo kým nebude voňavé a priehľadné. Odložte bokom.

2. V tej istej panvici zohrejte zvyšný olej. Pridajte špenát. Znížte teplotu, varte 1 minútu, sceďte a preložte do cedníka.

3. Špenát nasekáme nadrobno a pridáme k hubovej zmesi. Pridajte vajíčko do špenátovej zmesi. Pridáme uvarenú quinou - ochutíme talianskym korením a dobre premiešame. Posypeme slnečnicovými semienkami a syrom.

4. Špenátovú zmes rozdelíme na karbonátky – karbonátky uvaríme na 5 minút alebo kým nie sú pevné a zlaté. Podávame s hamburgerovou žemľou.

Nutričné informácie:Kalórie 43 Sacharidy: 9 g Tuky: 0 g Bielkoviny: 3 g

Porcie brokolicového a karfiolového šalátu: 6

Čas varenia: 20 minút

Ingrediencie:

¼ lyžičky. Čierne korenie, mleté

3 šálky ružičiek karfiolu

1 polievková lyžica. Ocot

1 lyžička. Med

8 šálok nasekaného kelu

3 šálky ružičiek brokolice

4 polievkové lyžice. Extra panenský olivový olej

½ lyžičky. soľ

1 ½ lyžičky. dijonská horčica

1 lyžička. Med

½ šálky čerešní, sušených

1/3 šálky vlašských orechov, nasekaných

1 šálka strúhaného syra Manchego

Inštrukcie:

1. Predhrejte rúru na 450°F a položte plech na pečenie na stredný rošt.

2. Potom ružičky karfiolu a brokolice vložte do veľkej misy.

3. Za týmto účelom dajte polovicu soli, dve polievkové lyžice olivového oleja a korenie. Dobre premiešajte.

4. Teraz zmes preložte na predhriaty plech a pečte 12 minút, pričom v polovici otočte.

5. Keď sú mäkké a zlaté, vyberte z rúry a nechajte úplne vychladnúť.

6. Medzitým v inej miske zmiešame zvyšné dve polievkové lyžice oleja, ocot, med, horčicu a soľ.

7. Touto zmesou natierajte listy kapusty, pričom listy masírujte rukami. Rezervujte 3 až 5 minút.

8. Nakoniec do brokolicového a karfiolového šalátu vhoďte opečenú zeleninu, syr, čerešne a pekanové orechy.

Nutričné informácie:Kalórie: 259 kcal Bielkoviny: 8,4 g Sacharidy: 23,2 gTuky: 16,3 g

Kurací šalát s čínskym dotykom Porcie: 3

Čas varenia: 25 minút

Ingrediencie:

1 stredná zelená cibuľa (nakrájaná na tenké plátky)

2 vykostené kuracie prsia

2 c. sójová polievka

¼ lyžičky bieleho korenia

1 lyžica sezamového oleja

4 šálky rímskeho šalátu (nasekaného)

1 šálka kapusty (nasekaná)

¼ šálky malej mrkvy nakrájanej na kocky

¼ šálky na tenké plátky nakrájaných mandlí

¼ šálky cestovín (len na servírovanie)

Na prípravu čínskej omáčky:

1 strúčik mletého cesnaku

1 lyžička sójovej omáčky

1 lyžica sezamového oleja

2 lyžice ryžového octu

1 lyžica cukru

Inštrukcie:

1. Čínsku omáčku pripravíme zmiešaním všetkých ingrediencií v miske.

2. V miske marinujeme kuracie prsia v cesnaku, olivovom oleji, sójovej omáčke a bielom korení po dobu 20 minút.

3. Vložte plech na pečenie do predhriatej rúry (na 225 °C).

4. Kuracie prsia položte na plech a pečte približne 20

minút.

5. Na zostavenie šalátu zmiešame šalát, kapustu, mrkvu a pažítku.

6. Na servírovanie položte na tanier kúsok kuracieho mäsa a naň šalát. K rezancom to polejeme trochou omáčky.

Nutričné informácie:Kalórie 130 Sacharidy: 10 g Tuky: 6 g Bielkoviny: 10 g

Porcie papriky plnené amarantom a quinoa: 4

Čas varenia: 1 hodina a 10 minút

Ingrediencie:

2 lyžice amarantu

1 stredná cuketa, orezaná, nastrúhaná

2 zrelé paradajky, nakrájané na kocky

2/3 šálky (približne 135 g) quinoa

1 stredne veľká cibuľa nakrájaná nadrobno

2 prelisované strúčiky cesnaku

1 lyžička mletého kmínu

2 lyžice jemne opražených slnečnicových semienok 75 g ricotty, čerstvé

2 lyžice ríbezlí

4 kapie, veľké, pozdĺžne rozpolené a zbavené semienok 2 polievkové lyžice plochej petržlenovej vňate, nahrubo nasekanejInštrukcie:

1. Plech na pečenie, najlepšie veľký, vysteľte papierom na pečenie (nepriľnavý) a rúru si vopred predhrejte na 350 F. Naplňte stredný hrniec približne pol litrom vody a pridajte amarant a quinou; priveďte do varu na miernom ohni. Hotovo, stíšte oheň; prikryjeme a dusíme, kým fazuľa nie je al dente a voda sa nevstrebe, 12 až 15 minút.

minút. Odstráňte z tepla a odložte.

2. Medzitým veľkú panvicu zľahka naolejujte a zohrejte na strednom ohni. Po zahriatí pridajte cibuľu s cuketou a niekoľko minút za stáleho miešania varte do zmäknutia. Pridajte rascu a cesnak; minútku povarte. Odstráňte z tepla a nechajte vychladnúť.

3. Vložte zrná, cibuľovú zmes, slnečnicové semienka, ríbezle, petržlenovú vňať, ricottu a paradajky do žiaruvzdornej, najlepšie veľkej; ingrediencie dobre premiešajte, kým sa dobre nespoja - dochuťte korením a soľou podľa chuti.

4. Papriky naplňte pripravenou zmesou quinoa a poukladajte ich na plech, pričom plech prikryte hliníkovou fóliou — Pečte 17 až 20

minút. Odstráňte fóliu a pečte, kým náplň nie je zlatohnedá a zelenina mäkká, ďalších 15 až 20 minút.

Nutričné informácie:kcal 200 Tuky: 8,5 g Vláknina: 8 g Bielkoviny: 15 g

Chrumkavé rybie filé so syrovou krustou Porcie: 4

Čas varenia: 10 minút

Ingrediencie:

¼ šálky celozrnnej strúhanky

¼ šálky parmezánu, strúhaného

¼ lyžičky morskej soli ¼ lyžičky mletého korenia

1 polievková lyžica. Olivový olej 4 jednotky filé tilapie

Inštrukcie:

1. Predhrejte rúru na 375 °F.

2. V miske zmiešame strúhanku, parmezán, soľ, korenie a olivový olej.

3. Dobre premiešajte, kým sa dobre nezmieša.

4. Zmesou natrieme filé a každú uložíme na jemne vymastený plech.

5. Vložte plech na pečenie do rúry.

6. Pečieme 10 minút, kým nie sú filety upečené a dozlatista.

<u>Nutričné informácie:</u>Kalórie: 255 Tuky: 7 g Bielkoviny: 15,9 g Sacharidy: 34 g Vláknina: 2,6 g

Power Protein Fazuľa a plnené zelené škrupiny

Ingrediencie:

Pravá alebo morská soľ

Olej

12 oz. škrupiny veľkosti balíka (asi 40) 1 lb. stuhnutý štiepaný špenát

2 až 3 strúčiky cesnaku, olúpané a rozdelené

15 až 16 oz. ricotta čedar (ideálne plnotučné/plnotučné mlieko) 2 vajcia

1 plechovka bielej fazule (napr. cannellini), scedená a opláchnutá

½ C zelené pesto vyrobené na mieru alebo zakúpené na mieste Mleté čierne korenie

3 C (alebo viac) marinara omáčka

Mletý parmezán alebo čedar Pecorino (podľa vlastného uváženia)Inštrukcie:

1. Vo veľkom hrnci zohrejte aspoň 5 litrov vody do varu (alebo rozdeľte na dva menšie kúsky). Pridajte lyžicu soli, štipku olivového oleja a šupky. Necháme prebublávať asi 9 minút (alebo do veľmi pevného), občas premiešame, aby sa šupky oddelili. Šupky jemne sceďte v cedníku alebo ich vyberte z vody otvorenou lyžicou. Rýchlo umyte studenou vodou. Vyložte ohrievaciu plachtu s obrubou plastovým obalom. Keď sú šupky dostatočne

vychladnuté na manipuláciu, rozlomte ich rukou, zlejte prebytočnú vodu a otvor umiestnite do samostatnej vrstvy v nádobe na listy. Natierajte plastovou fóliou postupne, keď je prakticky studená.

2. V podobnom hrnci priveďte niekoľko litrov vody (alebo použite zvyšnú vodu z cestovín, ak ste ju nevyliali). Pridajte stuhnutý špenát a varte tri minúty na silnom ohni, kým nezmäkne. Cedník vystelieme namočenými papierovými utierkami, ak sú otvory veľké, potom špenát vydusíme. Umiestnite cedník nad misku, aby viac odkvapal, kým začnete plniť.

3. Do kuchynského robota pridajte len cesnak a rozdrvte, kým nebude jemne nasekaný a nebude sa lepiť na boky. Zoškrabte steny misky, pridajte ricottu, vajcia, fazuľu, pesto, 1½

lyžičky soli a niekoľko tortíl korenia (veľké stlačenie). Špenát v ruke stlačte, aby ste dobre vypustili všetku zvyšnú vodu, a potom pridajte ostatné ingrediencie do kuchynského robota. Scedíme, kým nebude takmer hladká, pričom ešte bude vidieť niekoľko kúskov špenátu. Prikláňam sa k tomu, že po pridaní surového vajca neochutnám, ale ak sa vám to zdá trochu základné a chuť upravím podľa chuti.

4. Predhrejte kurča na 350 (F) a jemne pokvapkajte alebo naolejujte panvicu 9 x 13"

panvicu, plus ešte jeden menší guláš (do 9x13 sa nezmestí asi 8-10 šupiek). Ak chcete naplniť škrupiny, vezmite si jednu škrupinu naraz, držte ju otvorenú palcom a ukazovákom neprevládajúcej ruky. Vezmite 3 až 4 polievkové lyžice do druhej ruky a zoškrabte do pokožky. Väčšina z nich nebude vyzerať veľmi dobre, čo je v poriadku! Umiestnite naplnené škrupiny vedľa seba do pripravenej nádoby. Omáčku rozotrite na škrupiny a ponechajte nezameniteľné kúsky zelenej plnky. Rozložte nádobu s formou a pripravte na 30 minút. Zvýšte teplotu na 375 (F), posypte škrupiny rozdrveným parmezánom (ak používate) a zahrievajte ďalších 5 až 10 minút, kým sa čedar nerozpustí a hojná vlhkosť opadne.

5. Nechajte 5-10 minút vychladnúť, potom podávajte samostatne alebo s čerstvým tanierom zmiešanej zeleniny ako doplnok!

Zloženie ázijského rezancového šalátu:

8 oz ľahkých celozrnných cestovín – napr. špagety (použite cestoviny soba, aby boli bezlepkové) 24 oz Mann's Brokolica Cole Slaw – 2 sáčky 12 oz 4 oz strúhaná mrkva

1/4 šálky extra panenského olivového oleja

1/4 šálky ryžového octu

3 polievkové lyžice nektáru – použite svetlý agávový nektár, aby ste si vyrobili milovníka zeleniny

3 lyžice hladkej orechovej pasty

2 polievkové lyžice sójovej omáčky s nízkym obsahom sodíka – v prípade potreby bezlepková 1 polievková lyžica chilli omáčky Sriracha – alebo cesnakovej omáčky, plus navyše podľa chuti

1 lyžica mletého čerstvého zázvoru

2 čajové lyžičky mletého cesnaku – asi 4 strúčiky 3/4 šálky grilovaných, nesolených arašidov – zvyčajne nasekaných 3/4 šálky čerstvého koriandra – nasekaného nadrobno

Inštrukcie:

1. Veľký hrniec s osolenou vodou zohrejeme na bod varu. Cestoviny uvarte do mierneho stuhnutia podľa nadpisu na obale. Scedíme a rýchlo

prepláchneme studenou vodou, aby sme odstránili prebytočný škrob a prestali variť, potom preložíme do veľkej misy. Zahrňte brokolicový šalát a mrkvu.

2. Kým sa rezance varia, vmiešame olej, ryžový ocot, nektár, orechovú pastu, sójovú omáčku, Sriarchu, zázvor a cesnak. Nalejte na cestovinovú zmes a premiešajte, aby stuhla. Pridajte arašidy a koriandr a znova prešľahajte. Podávajte vychladené alebo pri izbovej teplote s extra omáčkou Sriracha podľa želania.

3. Poznámky k vzorcom

4. Ázijský rezancový šalát môžeme podávať studený alebo pri izbovej teplote.

Zvyšky skladujte v chladničke vo vzduchotesnej/vodotesnej nádobe až 3 dni.

Porcie lososa a zelenej fazuľky: 4

Čas varenia: 26 minút

Ingrediencie:

2 polievkové lyžice olivového oleja

1 žltá cibuľa, nakrájaná

4 vykostené filety lososa

1 šálka zelenej fazuľky, orezaná a rozpolená

2 strúčiky cesnaku, mleté

½ šálky kuracieho vývaru

1 lyžička čili prášku

1 lyžička sladkej papriky

Štipka soli a čierneho korenia

1 lyžica koriandra, nasekaného

Inštrukcie:

1. Panvicu s olivovým olejom rozohrejeme na strednom ohni, pridáme cibuľu, premiešame a 2 minúty restujeme.

2. Pridajte rybu a opečte ju z každej strany 2 minúty.

3. Pridajte zvyšok prísad, jemne premiešajte a pečte všetko pri teplote 360 stupňov F počas 20 minút.

4. Všetko rozdeľte na taniere a podávajte na obed.

<u>Nutričné informácie:</u>Kalórie 322, Tuky 18,3, Vláknina 2, Sacharidy 5,8, Bielkoviny 35,7

Suroviny plnené kuracím syrom:

2 jarné cibuľky (nahrubo nakrájané)

2 jalapeňos bez semien (nakrájané na kúsky)

1/4 c. koriander

1 lyžička. dotyk citróna

4 oz. Monterey Jack Cheddar (hrubo mletý) 4 vykostené kuracie prsia bez kože

3 polievkové lyžice. oleja

soľ

Pepper

3 polievkové lyžice. Limonáda

2 krúžkové papriky (jemne nakrájané)

1/2 malej červenej cibule (nahrubo nakrájanej)

5 c. natrhaný rímsky šalát

Inštrukcie:

1. Zahrejte kurča na 450 °F. V miske zmiešajte cibuľovú cibuľku a jalapeňos so semienkami, 1/4 šálky koriandra (nasekaného) a limetkovej limetky a potom pridajte čedar Monterey Jack.

2. Umiestnite čepeľ do najhrubšieho kúska každého vykosteného kuracieho prsníka bez kože a pohybom dopredu a dozadu vytvorte 2 1/2-palcové vrecko, ktoré je také široké, ako ho môžete získať bez pokusov. Naplňte kurča zmesou čedaru.

3. Zohrejte 2 lyžice olivového oleja vo veľkej panvici na strednom ohni.

Kuracie mäso osolíme a okoreníme a opekáme, kým z jednej strany nezhnedne, 3 až 4 minúty. Kurča otočte a grilujte, kým sa neuvarí, 10 až 12 minút.

4. Medzitým si vo veľkej mise zmiešame citrónovú šťavu, 1

lyžica olivového oleja a 1/2 lyžičky soli. Pridajte papriku a červenú cibuľu a za občasného miešania nechajte 10 minút postáť. Zmiešajte s rímskym šalátom a 1 šálkou čerstvého koriandra. Podávame s kuracím mäsom a plátkami citróna.

Porcie rukoly s gorgonzolovou omáčkou: 4

Čas varenia: 0 minút

Ingrediencie:

1 zväzok rukoly, očistený

1 hruška, nakrájaná na tenké plátky

1 polievková lyžica čerstvej citrónovej šťavy

1 strúčik cesnaku, rozdrvený

1/3 šálky syra Gorgonzola, rozdrobeného

1/4 šálky zeleninového vývaru, znížený obsah sodíka

čerstvo mleté korenie

4 lyžice olivového oleja

1 lyžica jablčného octu

Inštrukcie:

1. Plátky hrušiek a citrónovú šťavu vložte do misky. Strieľať do kabáta.

Plátky hrušiek spolu s rukolou poukladajte na tanier.

2. V miske zmiešajte ocot, olivový olej, syr, vývar, korenie a cesnak. Nechajte 5 minút, odstráňte cesnak. Pridajte omáčku a ihneď podávajte.

Nutričné informácie:Kalórie 145 Sacharidy: 23 g Tuky: 4 g Bielkoviny: 6 g

Porcie kapustovej polievky: 6

Čas varenia: 35 minút

Ingrediencie:

1 žltá cibuľa, nakrájaná

1 hlava nakrájanej zelenej kapusty

2 polievkové lyžice olivového oleja

5 šálok zeleninového vývaru

1 mrkva, olúpaná a nastrúhaná

Štipka soli a čierneho korenia

1 lyžica koriandra, nasekaného

2 čajové lyžičky tymianu, nasekaného

½ lyžičky údenej papriky

½ lyžičky pikantnej papriky

1 lyžica citrónovej šťavy

Porcie karfiolovej ryže: 4

Čas varenia: 10 minút

Ingrediencie:

¼ šálky oleja na varenie

1 polievková lyžica. Kokosový olej

1 polievková lyžica. kokosový cukor

4 šálky karfiolu, rozdelené na ½ lyžičky na ružičky. soľ

Inštrukcie:

1. Karfiol najskôr spracujeme v kuchynskom robote a spracovávame 1 až 2 minúty.

2. Vo veľkej panvici na strednom ohni rozohrejeme olej a na panvicu pridáme nakrájaný karfiol, kokosový cukor a soľ.

3. Dobre premiešame a varíme 4 až 5 minút, alebo kým karfiol nezmäkne.

4. Nakoniec prilejte kokosové mlieko a vychutnajte si.

Nutričné informácie: Kalórie 108 kcal Bielkoviny: 27,1 g Sacharidy: 11 g Tuky: 6 g

Feta Frittata a porcie špenátu: 4

Čas varenia: 10 minút

Ingrediencie:

½ malej červenej cibule

250 g baby špenátu

½ šálky syra feta

1 c. polievka z cesnakovej pasty

4 rozšľahané vajcia

Koreniaca zmes

Soľ a korenie podľa chuti

1 lyžica olivového oleja

Inštrukcie:

1. Do oleja pridáme nadrobno nakrájanú cibuľu a na miernom ohni restujeme.

2. Pridajte špenát k svetlohnedej cibuľke a poduste 2 minúty.

3. Do vajec pridajte studený špenát a cibuľovú zmes.

4. Teraz pridajte cesnakovú pastu, soľ a korenie a zmes premiešajte.

5. Túto zmes povarte na miernom ohni a jemne zamiešajte vajíčka.

6. Pridajte syr feta k vajíčkam a panvicu umiestnite pod predhriaty gril.

7. Varte asi 2 až 3 minúty, kým frittata nezhnedne.

8. Podávajte túto frittatu so syrom feta horúcu alebo studenú.

Nutričné informácie:Kalórie 210 Sacharidy: 5 g Tuky: 14 g Bielkoviny: 21 g

Nálepky na horiace kuracie hrnce Ingrediencie:

1 kilo mletého kuracieho mäsa

1/2 šálky strúhanej kapusty

1 ošúpaná a nastrúhaná mrkva

2 strúčiky cesnaku, pretlačené

2 zelené cibule, jemne nakrájané

1 polievková lyžica sójovej omáčky s nízkym obsahom sodíka

1 lyžica hoisinovej omáčky

1 polievková lyžica prirodzene mletého zázvoru

2 čajové lyžičky sezamového oleja

1/4 lyžičky mletého bieleho korenia

36 tonové balíky

2 lyžice rastlinného oleja

NA HORÚCA OLEJOVÁ OMÁČKA:

1/2 šálky rastlinného oleja

1/4 šálky sušenej červenej papriky, drvenej

2 strúčiky cesnaku, mleté

Inštrukcie:

1. Zahrejte rastlinný olej v malej panvici na strednom ohni. Vmiešajte rozdrvenú papriku a cesnak za občasného miešania, kým olej nedosiahne 180 stupňov F, asi 8 až 10 minút; uložiť na bezpečné miesto.

2. Vo veľkej mise zmiešajte kuracie mäso, kapustu, mrkvu, cesnak, cibuľovú cibuľku, sójovú omáčku, omáčku hoisin, zázvor, sezamový olej a biele korenie.

3. Na zber knedlí položte obaly na pracovnú dosku.

Umiestnite 1 polievkovú lyžicu kuracej zmesi do ohniska každého balenia. Okraje obalov prstom potrieme vodou. Zmes preložte cez plnku, aby ste vytvorili polmesiac, pričom okraje pritlačte, aby ste utesnili.

4. Zahrejte rastlinný olej vo veľkej panvici na strednom ohni.

Pridajte nálepky na panvicu v jednej vrstve a varte, kým nebudú lesklé a chrumkavé, asi 2-3 minúty na každej strane.

5. Ihneď podávajte s horúcou omáčkou z duseného oleja.

Cesnakové krevety s gratinovaným karfiolom

Porcie: 2

Čas varenia: 15 minút

Ingrediencie:

Na prípravu kreviet

1 libra kreviet

2-3 polievkové lyžice cajunského korenia

soľ

1 polievková lyžica masla/ghí

Na prípravu karfiolových bôbov

2 polievkové lyžice Ghee

12 uncí karfiolu

1 strúčik cesnaku

soľ podľa chuti

Inštrukcie:

1. Varte karfiol a cesnak v 8 unciach vody na strednom ohni do mäkka.

2. Rozmixujte jemný karfiol v kuchynskom robote s ghee. Postupne pridávajte naparenú vodu na správnu konzistenciu.

3. Posypte krevety 2 polievkovými lyžicami cajunského korenia a nechajte marinovať.

4. Do veľkej panvice pridajte 3 polievkové lyžice ghí a opečte krevety na strednom ohni.

5. Do misky dáme veľkú lyžicu karfiolových fazúľ a navrch nasypeme smažené krevety.

<u>Nutričné informácie:</u>Kalórie 107 Sacharidy: 1 g Tuky: 3 g Bielkoviny: 20 g

Porcie tuniaka s brokolicou: 1

Čas varenia: 10 minút

Ingrediencie:

1 lyžička. Extra panenský olivový olej

3 oz. Tuniak vo vode, najlepšie ľahký a hustý, scedený 1 polievková lyžica. Orechy, nahrubo nasekané

2 šálky brokolice nakrájanej nadrobno

½ lyžičky Pikantná omáčka

Inštrukcie:

1. Začnite zmiešaním brokolice, korenia a tuniaka vo veľkej miske, kým sa dobre nespoja.

2. Potom zeleninu vložte do mikrovlnnej rúry na 3 minúty alebo kým nezmäkne

3. Potom do misy vložte orechy a olej a dobre premiešajte.

4. Podávajte a vychutnávajte.

Nutričné informácie: Kalórie 259 kcal Bielkoviny: 27,1 g Sacharidy: 12,9 g Tuky: 12,4 g

Cuketová polievka s krevetami Porcie: 4

Čas varenia: 20 minút

Ingrediencie:

3 lyžice nesoleného masla

1 malá červená cibuľa, nakrájaná nadrobno

1 strúčik cesnaku, nakrájaný na plátky

1 lyžička kurkumy

1 lyžička soli

¼ lyžičky čerstvo mletého čierneho korenia

3 šálky zeleninového vývaru

2 šálky ošúpanej maslovej tekvice nakrájanej na ¼-palcové kocky 1 libra varených lúpaných kreviet, v prípade potreby rozmrazených 1 šálka nesladeného mandľového mlieka

¼ šálky strúhaných mandlí (voliteľné)

2 lyžice jemne nasekanej čerstvej petržlenovej vňate 2 lyžičky strúhanej alebo nasekanej citrónovej kôry

Inštrukcie:

1. Maslo rozpustite na vysokej teplote vo veľkom hrnci.

2. Pridajte cibuľu, cesnak, šafran, soľ a korenie a restujte, kým zelenina nie je mäkká a priehľadná, 5 až 7 minút.

3. Pridáme vývar a tekvicu a privedieme do varu.

4. Za 5 minút priveďte do varu.

5. Pridajte krevety a mandľové mlieko a varte, kým sa nezahreje, asi 2 minúty.

6. Posypte mandľami (ak používate), petržlenovou vňaťou a citrónovou kôrou a podávajte.

Nutričné informácie:Kalórie 275 Celkový tuk: 12 g Celkové sacharidy: 12 g Cukor: 3 g Vláknina: 2 g Bielkoviny: 30 g Sodík: 1665 mg

Slané porcie pečených morčacích guľôčok: 6

Čas varenia: 30 minút

Ingrediencie:

1 libra mletého moriaka

½ šálky čerstvej, bielej alebo celozrnnej strúhanky ½ šálky čerstvo nastrúhaného parmezánu

½ lyžice. bazalka, čerstvá nasekaná

½ lyžice. oregano, nasekané čerstvé

1 veľké vajce, rozšľahané

1 polievková lyžica. petržlen, čerstvý nasekaný

3 polievkové lyžice mlieka alebo vody

Štipka soli a korenia

Štipka čerstvo nastrúhaného muškátového orieška

Inštrukcie:

1. Predhrejte rúru na 350 °F.

2. Dva plechy vystelieme papierom na pečenie.

3. Všetky ingrediencie spolu zmiešame vo veľkej mise.

4. Zo zmesi vytvorte 1-palcové guľôčky a každú guľku položte na plech.

5. Vložte plech na pečenie do rúry.

6. Pečieme 30 minút, alebo kým nie je morka prepečená a povrchy hnedé.

7. V polovici varenia fašírky otočte.

Nutričné informácie:Kalórie: 517 Kalorický tuk: 17,2 g Bielkoviny: 38,7 g Sacharidy: 52,7 g Vláknina: 1 g

Porcie ľahkej mušľovej polievky: 4

Čas varenia: 15 minút

Ingrediencie:

2 lyžice nesoleného masla

2 stredné mrkvy, nakrájané na ½-palcové kúsky

2 stonky zeleru, nakrájané na tenké plátky

1 malá červená cibuľa, nakrájaná na ¼-palcové kocky

2 strúčiky cesnaku, nakrájané na plátky

2 šálky zeleninového vývaru

1 (8 uncí) fľaša mušľovej šťavy

1 (10 oz) mušlí

½ lyžičky sušeného tymiánu

½ lyžičky soli

¼ lyžičky čerstvo mletého čierneho korenia

Inštrukcie:

1. Vo veľkej panvici na vysokej teplote rozpustite maslo.

2. Pridajte mrkvu, zeler, cibuľu a cesnak a restujte 2 až 3 minúty, kým nie sú mierne mäkké.

3. Pridajte vývar a šťavu z mušlí a priveďte do varu.

4. Priveďte do varu a varte, kým mrkva nezmäkne, 3 až 5 minút.

5. Pridajte mušle a ich šťavy, tymian, soľ a korenie, zohrejte 2 až 3 minúty a podávajte.

<u>Nutričné informácie:</u>Kalórie 156 Celkový tuk: 7 g Celkové sacharidy: 7 g Cukor: 3 g Vláknina: 1 g Bielkoviny: 14 g Sodík: 981 mg

Porcie ryže a kuracieho mäsa: 4

Čas varenia: 25 minút

Ingrediencie:

1 lb kuracích pŕs z voľného chovu, vykostené, bez kože ¼ šálky hnedej ryže

¾ lb húb podľa vlastného výberu, nakrájané na plátky

1 nakrájaný pór

¼ šálky mandlí, nasekaných

1 šálka vody

1 polievková lyžica. oleja

1 šálka zelenej fazuľky

½ šálky jablčného octu

2 polievkové lyžice. pšeničná múka

1 šálka mlieka, s nízkym obsahom tuku

¼ šálky parmezánu, čerstvo nastrúhaného

¼ šálky kyslej smotany

Štipka morskej soli, v prípade potreby pridajte viac

čerstvo mleté čierne korenie podľa chuti

Inštrukcie:

1. Hnedú ryžu nasypte do hrnca. Pridajte do vody. Prikryjeme a privedieme do varu. Znížte teplotu a varte 30 minút alebo kým nie je ryža uvarená.

2. Medzitým na panvici pridáme kuracie prsia a zalejeme takým množstvom vody, aby bolo zakryté - dochutíme soľou. Zmes priveďte do varu, znížte teplotu a varte 10 minút.

3. Kura naporcujeme. Odložte bokom.

4. Zahrejte olej. Pór uvaríme do mäkka. Pridajte huby.

5. Do zmesi nalejte jablčný ocot. Zmes dusíme, kým sa ocot neodparí. Pridajte múku a mlieko na panvicu.

Posypeme parmezánom a pridáme kyslú smotanu. Dochutíme čiernym korením.

6. Predhrejte rúru na 350 stupňov F. Misky na kastról zľahka naolejujte.

7. Rozložte uvarenú ryžu do žiaruvzdorného materiálu, potom nakrájané kuracie mäso a zelené fazuľky. Pridajte huby a pórovú omáčku.

Na vrch poukladáme mandle.

8. Pečieme 20 minút alebo do zlatista. Pred podávaním necháme vychladnúť.

Nutričné informácie:Kalórie 401 Sacharidy: 54 g Tuky: 12 g Bielkoviny: 20 g

Dusené krevety Jambalaya Jumble Porcie: 4

Čas varenia: 30 minút

Ingrediencie:

10 oz. lúpané stredné krevety

¼ šálky nakrájaného zeleru ½ šálky nakrájanej cibule

1 polievková lyžica. olej alebo maslo ¼ ČL mletého cesnaku

¼ lyžičky cibuľovej soli alebo morskej soli

⅓ šálky paradajkovej omáčky ½ ČL údenej papriky

½ lyžičky Worcestershire omáčka

⅔ šálky nakrájanej mrkvy

1 ¼ šálky kuracej klobásy, predvarenej a nakrájanej na kocky 2 šálky šošovice, namočenej cez noc a predvarenej 2 šálky nasekanej okry

Štipka drvenej červenej papriky a strúhaného čierneho korenia parmezán na polevu (voliteľné)Inštrukcie:

1. Krevety, zeler a cibuľu restujte s olejom na panvici na miernom ohni 5 minút alebo kým krevety nie sú ružové.

2. Pridajte zvyšné ingrediencie a duste 10

minút, alebo kým zelenina nezmäkne.

3. Na podávanie rozdeľte zmes jambalaya rovnomerne do štyroch misiek.

4. Ak chcete, pridajte korenie a syr.

Nutričné informácie:Kalórie: 529 Tuky: 17,6 g Bielkoviny: 26,4 g Sacharidy: 98,4 g Vláknina: 32,3 g

Kuracie chilli porcie: 6

Čas varenia: 1 hodina

Ingrediencie:

1 žltá cibuľa, nakrájaná

2 polievkové lyžice olivového oleja

2 strúčiky cesnaku, mleté

1 kilo kuracích pŕs bez kože, kostí a na kocky nakrájaná 1 zelená paprika, nasekaná

2 šálky kuracieho vývaru

1 lyžica kakaového prášku

2 lyžice čili prášku

1 lyžička údenej papriky

1 šálka na kocky nakrájaných konzervovaných paradajok

1 lyžica koriandra, nasekaného

Štipka soli a čierneho korenia

Inštrukcie:

1. Panvicu s olivovým olejom rozohrejeme na strednom ohni, pridáme cibuľu a cesnak a restujeme 5 minút.

2. Pridajte mäso a restujte ďalších 5 minút.

3. Pridajte zvyšok ingrediencií, premiešajte, varte na strednom ohni 40 minút.

4. Rozdeľte čili do misiek a podávajte na obed.

<u>Nutričné informácie:</u>Kalórie 300, Tuk 2, Vláknina 10, Sacharidy 15, Bielkoviny 11

Porcie cesnakovej a šošovicovej polievky: 4

Čas varenia: 15 minút

Ingrediencie:

2 polievkové lyžice extra panenského olivového oleja

2 stredné mrkvy, nakrájané na tenké plátky

1 malá biela cibuľa, nakrájaná na ¼-palcové kocky

2 strúčiky cesnaku, nakrájané na tenké plátky

1 lyžička škoricového prášku

1 lyžička soli

¼ lyžičky čerstvo mletého čierneho korenia

3 šálky zeleninového vývaru

1 (15 uncí) šošovice, scedená a opláchnutá 1 polievková lyžica nasekanej alebo nastrúhanej pomarančovej kôry

¼ šálky nasekaných vlašských orechov (voliteľné)

2 polievkové lyžice jemne nasekanej čerstvej petržlenovej vňate<u>Inštrukcie:</u>

1. Vo veľkom hrnci zohrejte olej na vysokej teplote.

2. Pridajte mrkvu, cibuľu a cesnak a opekajte, kým nezmäknú, 5 až 7 minút.

3. Vmiešajte škoricu, soľ a korenie a miešajte, aby sa zelenina rovnomerne obalila, 1 až 2 minúty.

4. Prilejeme vývar a privedieme do varu. Povaríme, pridáme šošovicu a varíme do 1 minúty.

5. Pridajte pomarančovú kôru a podávajte posypané vlašskými orechmi (ak používate) a petržlenovou vňaťou.

<u>Nutričné informácie:</u>Kalórie 201 Celkový tuk: 8 g Celkové sacharidy: 22 g Cukor: 4 g Vláknina: 8 g Bielkoviny: 11 g Sodík: 1178 mg

Pikantná cuketa a kurča v klasickej smažínke Santa Fe

Porcie: 2

Čas varenia: 15 minút

Ingrediencie:

1 polievková lyžica. oleja

2 kusy kuracích pŕs, nakrájané na plátky

1 cibuľa, malá, nakrájaná na kocky

2 strúčiky cesnaku, mleté 1 jednotka cukety nakrájanej na kocky ½ šálky strúhanej mrkvy

1 lyžička údenej papriky 1 lyžička mletej rasce

½ ČL čili prášku ¼ ČL morskej soli

2 polievkové lyžice. čerstvá citrónová šťava

¼ šálky koriandra, jemne nasekaného

Hnedá ryža alebo quinoa tesne pred podávaním

Inštrukcie:

1. Kura restujeme na olivovom oleji asi 3 minúty, kým kura nezhnedne. Odložte bokom.

2. Použite rovnaký wok a pridajte cibuľu a cesnak.

3. Varíme, kým cibuľa nezmäkne.

4. Pridáme mrkvu a cuketu.

5. Zmes premiešajte a varte asi minútu.

6. Do zmesi pridajte všetky koreniny a miešajte ďalšiu minútu.

7. Vráťte kurča do woku a nalejte citrónovú šťavu.

8. Miešajte, kým sa všetko neuvarí.

9. Na servírovanie prelejte zmesou uvarenú ryžu alebo quinou a dokončite nasekaným čerstvým koriandrom.

Nutričné informácie:Kalórie: 191 Tuk: 5,3 g Bielkoviny: 11,9 g Sacharidy: 26,3 g Vláknina: 2,5 g

Tilapia tacos s neuveriteľným zázvorom a sezamovým šalátom

Porcie: 4

Čas varenia: 5 hodín

Ingrediencie:

1 lyžička čerstvého zázvoru, strúhaného

Soľ a čerstvo mleté čierne korenie podľa chuti 1 lyžička stévie

1 c. sójová polievka

1 lyžica olivového oleja

1 c. polievka s citrónovou šťavou

1 c. z prírodnej jogurtovej polievky

1 kg filé z tilapie

1 šálka coleslaw mix

Inštrukcie:

1. Zapnite instantný hrniec, pridajte všetky ingrediencie okrem filé z tilapie a kapustového šalátu a miešajte, kým sa dobre nezapracujú.

2. Potom pridajte filé, dobre premiešajte, zatvorte vekom, stlačte tlačidlo „pomalé varenie" a varte 5 hodín, pričom v polovici filé otočte.

3. Hotové filety preložíme na tanier a necháme úplne vychladnúť.

4. Na prípravu jedla rozdeľte zmes kapustového šalátu do štyroch vzduchotesných nádob, pridajte tilapiu a nechajte v chladničke až tri dni.

5. Keď budete pripravení na jedenie, zohrejte tilapiu v mikrovlnnej rúre, kým nebude horúca a podávajte so šalátom coleslaw.

Nutričné informácie:Kalórie 278, celkový tuk 7,4 g, celkové sacharidy 18,6 g, bielkoviny 35,9 g, cukor 1,2 g, vláknina 8,2 g, sodík 194 mg

Porcie šošovicového kari: 4

Čas varenia: 15 minút

Ingrediencie:

1 lyžica olivového oleja

1 nakrájanú cibuľu

2 strúčiky cesnaku, mleté

1 polievková lyžica organického kari

4 šálky nízkosodného organického zeleninového vývaru 1 šálka červenej šošovice

2 šálky cukety, varené

1 šálka kelu

1 lyžička šafranu

morská soľ podľa chuti

Inštrukcie:

1. Na veľkej panvici na strednom ohni orestujte olivový olej s cibuľou a cesnakom, pridajte. Duste 3 minúty.

2. Pridajte bio kari korenie, zeleninový vývar a šošovicu a priveďte do varu – varte 10 minút.

3. Pridáme uvarenú tekvicu a kel.

4. Podľa chuti pridajte kurkumu a morskú soľ.

5. Podávajte horúce.

<u>Nutričné informácie:</u>Celkový obsah sacharidov 41 g Vláknina z potravy: 13 g Bielkoviny: 16 g Celkový obsah tukov: 4 g Kalórie: 252

Kapustový Caesar šalát s grilovaným kuracím wrapom: 2

Čas varenia: 20 minút

Ingrediencie:

6 šálok kelu nakrájaného na malé kúsky ½ strateného vajíčka; varené

8 uncí grilovaného kuracieho mäsa, nakrájaného na tenké plátky

½ lyžičky dijonskej horčice

¾ šálky parmezánu, jemne nastrúhaného

Mleté čierne korenie

košér soľ

1 strúčik cesnaku, mletý

1 šálka cherry paradajok, na štvrtiny

1/8 šálky citrónovej šťavy, čerstvo vylisovanej

2 veľké tortilly alebo dva lavashové placky

1 lyžička agáve alebo medu

1/8 šálky olivového oleja

Inštrukcie:

1. Zmiešajte polovicu praženice s horčicou, mletým cesnakom, medom, olivovým olejom a citrónovou šťavou vo veľkej mise. Šľaháme, kým nezískame konzistenciu omáčky. Dochutíme korením a soľou podľa chuti.

2. Pridajte cherry paradajky, kuracie mäso a kel; jemne premiešajte, kým sa dobre nepotiahne omáčkou, potom pridajte ¼ šálky parmezánu.

3. Rozložte placky a rovnomerne rozložte pripravený šalát na zábaly; každý posypte približne ¼ šálky parmezánu.

4. Zábaly zvinieme a prekrojíme na polovicu. Ihneď podávajte a vychutnajte si.

<u>Nutričné informácie:</u>kcal 511 Tuky: 29 g Vláknina: 2,8 g Bielkoviny: 50 g

Porcie fazuľového špenátového šalátu: 1

Čas varenia: 5 minút

Ingrediencie:

1 šálka čerstvého špenátu

¼ šálky konzervovanej čiernej fazule

½ šálky konzervovaného cíceru

½ šálky krémových húb

2 lyžice organického balzamikového octu 1 lyžica olivového oleja

Inštrukcie:

1. Krémové huby varte s olejom na miernom strednom ohni 5 minút, kým jemne nezhnednú.

2. Šalát zostavte tak, že čerstvý špenát položíte na tanier a dochutíte fazuľou, šampiňónmi a balzamikovým vinaigrettom.

Nutričné informácie:Celkový obsah sacharidov 26 g Vláknina: 8 g Bielkoviny: 9 g Celkový obsah tukov: 15 g Kalórie: 274

Losos v kruste s vlašskými orechmi a rozmarínom Porcie: 6

Čas varenia: 20 minút

Ingrediencie:

1 strúčik mletého cesnaku

1 lyžica dijonskej horčice

¼ lyžičky citrónovej kôry

1 c. polievka s citrónovou šťavou

1 lyžica čerstvého rozmarínu

1/2 lyžice medu

Olej

Petržlen

3 lyžice nasekaných vlašských orechov

1 libra lososa bez kože

1 lyžica drvenej čerstvej červenej papriky

soľ a korenie

Plátky citróna na ozdobenie

3 lyžice Panko strúhanky

1 lyžica extra panenského olivového oleja

Inštrukcie:

1. Plech rozložíme do rúry a predhrejeme na 240C.

2. V miske zmiešame horčicovú pastu, cesnak, soľ, olivový olej, med, citrónovú šťavu, drvenú červenú papriku, rozmarín, medový hnis.

3. Spojte panko, vlašské orechy a olej a na plech rozložte tenké plátky ryby. Olej nastriekajte rovnomerne na obe strany ryby.

4. Na lososa lyžicou nanášame orechovú zmes s horčicovou zmesou navrch.

5. Lososa pečieme asi 12 minút. Ozdobte čerstvou petržlenovou vňaťou a plátkami citróna a podávajte horúce.

Nutričné informácie:Kalórie 227 Sacharidy: 0 g Tuky: 12 g Bielkoviny: 29 g

Pečené sladké zemiaky s červenou omáčkou Tahini Porcie: 4

Čas varenia: 30 minút

Ingrediencie:

15 uncí konzervovaného cíceru

4 stredné sladké zemiaky

½ lyžice olivového oleja

1 štipka soli

1 c. polievka z limetkovej šťavy

1/2 lyžičky rasce, koriandra a papriky na cesnakovú a bylinkovú omáčku

¼ šálky tahini omáčky

½ lyžičky citrónovej šťavy

3 strúčiky cesnaku

soľ podľa chuti

Inštrukcie:

1. Rúru predhrejeme na 204°C. Cícer zmiešame so soľou, korením a olejom. Rozložte ich na hliníkovú fóliu.

2. Tenké plátky sladkých zemiakov potrieme olivovým olejom a poukladáme na marinovanú fazuľu a vložíme do rúry.

3. Na omáčku zmiešame v miske všetky ingrediencie. Pridajte trochu vody, ale nechajte ju hustú.

4. Batáty vyberte z rúry po 25 minútach.

5. Tento pečený cícerový šalát zo sladkých zemiakov ozdobte teplým cesnakovým dresingom.

<u>Nutričné informácie:</u>Kalórie 90 Sacharidy: 20 g Tuky: 0 g Bielkoviny: 2 g

Porcie talianskej tekvicovej polievky: 4

Čas varenia: 15 minút

Ingrediencie:

3 polievkové lyžice extra panenského olivového oleja

1 malá červená cibuľa, nakrájaná na tenké plátky

1 strúčik cesnaku, mletý

1 šálka strúhanej cukety

1 šálka strúhanej žltej tekvice

½ šálky strúhanej mrkvy

3 šálky zeleninového vývaru

1 lyžička soli

2 polievkové lyžice jemne nasekanej čerstvej bazalky

1 polievková lyžica nadrobno nasekanej čerstvej pažítky

2 lyžice píniových orieškov

Inštrukcie:

1. Vo veľkom hrnci zohrejte olej na vysokej teplote.

2. Pridajte cibuľu a cesnak a restujte, kým nezmäknú, 5 až 7 minút.

3. Pridajte cuketu, žltú tekvicu a mrkvu a restujte do zmäknutia 1 až 2 minúty.

4. Pridáme vývar a soľ a privedieme do varu. Varte za 1 až 2 minúty.

5. Pridajte bazalku a pažítku a podávajte posypané píniovými orieškami.

<u>Nutričné informácie:</u>Kalórie 172 Celkový tuk: 15 g Celkové sacharidy: 6 g Cukor: 3 g Vláknina: 2 g Bielkoviny: 5 g Sodík: 1170 mg

Porcie šafranovej a lososovej polievky: 4

Čas varenia: 20 minút

Ingrediencie:

¼ šálky extra panenského olivového oleja

2 póry, iba biele časti, nakrájané na tenké plátky

2 stredné mrkvy, nakrájané na tenké plátky

2 strúčiky cesnaku, nakrájané na tenké plátky

4 šálky zeleninového vývaru

1 libra filé z lososa bez kože, nakrájané na 1-palcové kúsky 1 lyžička soli

¼ lyžičky čerstvo mletého čierneho korenia

¼ lyžičky šafranových nití

2 šálky baby špenátu

½ šálky suchého bieleho vína

2 lyžice nadrobno nasekanej pažítky, biela aj zelená časť 2 lyžice nadrobno nasekanej čerstvej petržlenovej vňateInštrukcie:

1. Vo veľkom hrnci zohrejte olej na vysokej teplote.

2. Pridajte pór, mrkvu a cesnak a duste do mäkka, 5 až 7 minút.

3. Pridáme vývar a privedieme do varu.

4. Priveďte do varu a pridajte lososa, soľ, korenie a šafran. Varte, kým sa losos neprepečie, asi 8 minút.

5. Pridajte špenát, víno, pažítku a petržlenovú vňať a varte, kým špenát nezvädne, 1 až 2 minúty, a podávajte.

<u>Nutričné informácie:</u>Kalórie 418 Celkový tuk: 26 g Celkové sacharidy: 13 g Cukor: 4 g Vláknina: 2 g Bielkoviny: 29 g Sodík: 1455 mg

Horúce a kyslé thajské krevety a hubová polievka

Porcie: 6

Čas varenia: 38 minút

Ingrediencie:

3 c. nesolená maslová polievka

1 kg kreviet, ošúpaných a vypitvaných

2 lyžice mletého cesnaku

1-palcový kúsok koreňa zázvoru, olúpaný

1 stredná cibuľa, nakrájaná na kocky

1 červené thajské čili, nasekané

1 stonka citrónovej trávy

½ lyžičky čerstvej citrónovej kôry

Soľ a čerstvo mleté čierne korenie podľa chuti 5 šálok kuracieho vývaru

1 c. polievka z kokosového oleja

½ libry cremini huby, nakrájané na plátky

1 malá zelená cuketa

2 polievkové lyžice čerstvej citrónovej šťavy

2 c. z rybacej polievky

¼ zväzku čerstvej thajskej bazalky, nasekanej

¼ zväzku čerstvého koriandra, nasekaného

Inštrukcie:

1. Vezmite veľkú panvicu, umiestnite na stredný oheň, pridajte maslo a keď sa roztopí, pridajte krevety, cesnak, zázvor, cibuľu, papriku, citrónovú trávu a citrónovú kôru, dochuťte soľou a korením -do-kingdom a duste 3 minút.

2. Zalejeme vývarom, povaríme 30 minút, potom precedíme.

3. Veľkú panvicu zohrejte na strednú teplotu, pridajte olej a keď je veľmi horúci, pridajte huby a cuketu, dochuťte soľou a korením a duste 3 minúty.

4. Pridajte zmes kreviet na panvicu, varte 2 minúty, pokvapkajte citrónovou šťavou a rybou omáčkou a varte 1 minútu.

5. Dochutíme korením, panvicu odstavíme z ohňa, ozdobíme koriandrom a bazalkou a podávame.

Nutričné informácie:Kalórie 223, celkový tuk 10,2 g, celkové sacharidy 8,7 g, bielkoviny 23 g, cukor 3,6 g, sodík 1128 mg

Orzo so sušenými paradajkami:

1 libra vykostených kuracích pŕs bez kože, nakrájané na 3/4-palcové kúsky

1 polievková lyžica + 1 čajová lyžička olivového oleja

Soľ a čerstvo mleté čierne korenie

2 strúčiky cesnaku, mleté

1/4 šálky (8 uncí) suchých orzo cestovín

2 3/4 šálky kuracieho vývaru s nízkym obsahom sodíka, v tomto pestrejšom bode (nepoužívajte bežné šťavy, bude to príliš slané) 1/3 šálky kúskov sušených paradajok plnených v bylinkovom oleji (asi 12 dielov. Pretrepte časť hojného oleja), jemne nasekané v kuchynskom robote

1/2 - 3/4 šálky najemno nastrúhaného parmezánu čedar, podľa chuti 1/3 šálky nasekanej chrumkavej bazalky

Inštrukcie:

1. Zahrejte 1 polievkovú lyžicu olivového oleja v nádobe na stredne vysokej teplote.

2. Po orestovaní pridajte kurča, jemne dochuťte soľou a korením a varte do zhnednutia, asi 3 minúty, potom otočte na rubovú stranu a dovarte do tmava a prepečenia, asi 3 minúty. Presuňte kurča na tanier, potiahnite fóliou, aby zostalo teplé.

3. Pridajte 1 ČL olivového oleja do misky, pridajte cesnak a restujte 20 sekúnd, alebo len do lesku, potom sceďte kuraciu šťavu a škrabajte zo spodnej časti panvice všetky uvarené kúsky.

4. Vývar zohrejte na bod varu, pridajte orzo rezance, znížte teplotu na strednú panvicu s pokrievkou a 5 minút jemne poduste. dlhšie, za občasného miešania (nebojte sa, ak vám ešte ostane trochu šťavy, dodá to štipľavý šmrnc).

5. Keď sú cestoviny uvarené, prihoďte kura s orzom a potom odstráňte z ohňa. Pridajte parmezán čedar a miešajte, kým sa nerozpustí, potom pridajte sušené paradajky, bazalku a okoreňte.

s korením (nepotrebujete soľ, ale pridajte trochu, ak si myslíte, že to potrebujete).

6. Kedykoľvek chcete, pridajte viac šťavy na preriedenie (keď cesto odpočíva, nasaje dosť tekutiny a mne sa to páčilo s trochou príliš veľa, tak som pridal trochu viac). Podávajte horúce.

Porcie hubovej a cviklovej polievky: 4

Čas varenia: 40 minút

Ingrediencie:

2 polievkové lyžice olivového oleja

1 žltá cibuľa, nakrájaná

2 repy, olúpané a nakrájané na veľké kocky

1 libra bielych húb, nakrájaných na plátky

2 strúčiky cesnaku, mleté

1 lyžica paradajkového pretlaku

5 šálok zeleninového vývaru

1 lyžica petržlenu, mletého

Inštrukcie:

1. Panvicu s olivovým olejom rozohrejeme na strednom ohni, pridáme cibuľu a cesnak a restujeme 5 minút.

2. Pridajte huby, premiešajte a duste ďalších 5 minút.

3. Pridajte cviklu a ostatné ingrediencie, priveďte do varu a za občasného miešania varte na miernom ohni ďalších 30 minút.

4. Polievku nalejte do misiek a podávajte.

Nutričné informácie:Kalórie 300, Tuky 5, Vláknina 9, Sacharidy 8, Bielkoviny 7

Ingrediencie na parmezánové kuracie fašírky:

2 libry mletého kuracieho mäsa

3/4 šálky bezlepkovej panko panko strúhanky dobre poslúži 1/4 šálky nadrobno nakrájanej cibule

2 lyžice nasekanej petržlenovej vňate

2 nasekané strúčiky cesnaku

1 malá limetka asi 1 lyžička 2 vajcia

3/4 šálky strúhaného Pecorino Romano alebo parmezánového čedaru 1 lyžička obyčajnej soli

1/2 lyžičky čerstvo mletého čierneho korenia

1 liter päťminútovej omáčky Marinara

4-6 uncí mozzarelly nakrájanej na kúsky

Inštrukcie:

1. Predhrejte sporák na 400 stupňov, umiestnite rošt do hornej tretiny kurčaťa. Vo veľkej miske zmiešajte všetko okrem marinády a mozzarelly. Jemne premiešajte rukami alebo veľkou lyžicou. Lyžicou vytvarujte malé fašírky a uložte na alobalom vystlaný plech. Umiestnite mäsové guľky na

tanier skutočne blízko seba, aby ste ich upravili. Na každú mäsovú guľku nalejte asi pol polievkovej lyžice omáčky. Zahrievajte 15 minút.

2. Vyberte fašírky zo sporáka a zvýšte teplotu na kura, aby sa uvarilo. Na každú mäsovú guľku nalejte ďalšiu pol polievkovú lyžicu omáčky a navrch dajte malý štvorček mozzarelly. (Svetlé rezy som nakrájala na asi 1" štvorcové kúsky.) Grilujte ďalšie 3 minúty, kým čedar nezmäkne a nebude lesklý. Darujte extra omáčkou. Užite si to!

Zloženie mäsových guľôčok Alla Parmigiana:

na mäsové guľky

1,5 libry mletého hamburgera (80/20)

2 lyžice chrumkavej petržlenovej vňate, nasekanej

3/4 šálky mletého parmezánu čedaru

1/2 šálky mandľovej múky

2 vajcia

1 lyžička soli

1/4 lyžičky mletého čierneho korenia

1/4 lyžičky cesnakového prášku

1 lyžička sušenej cibuľovej kvapky

1/4 čajovej lyžičky sušeného oregana

1/2 šálky teplej vody

pre parmigianu

1 šálka obyčajnej omáčky keto marinara (alebo akejkoľvek miestne zakúpenej nesladenej marinary)

4 unce mozzarelly čedar

Inštrukcie:

1. Zmiešajte všetky ingrediencie na mäsové guľky vo veľkej mise a dobre premiešajte.

2. Štruktúrujte pätnásť 2" mäsových guľôčok.

3. Varte pri 350 stupňoch (F) 20 minút ALEBO smažte vo veľkej panvici na strednom ohni, kým nie sú uvarené. Tip eso – skúste opiecť na slaninovom oleji, ak ho máte – dodá viac chuti. Fricasseeing vytvára lesklé tmavé odtiene, ktoré sa objavujú na fotografiách vyššie.

4. Pre Parmigianu:

5. Uvarené fašírky položte na tanier, ktorý sa môže rozhorieť.

6. Na každú fašírku polejeme cca 1 PL omáčky.

7. Každý rozložte približne 1/4 unce mozzarelly čedar.

8. Varte pri 350 stupňoch (F) 20 minút (40 minút, ak sú mäsové guľky stuhnuté) alebo kým sa nezahreje a čedar nebude lesklý.

9. Ozdobte čerstvou petržlenovou vňaťou, kedykoľvek chcete.

Pečené morčacie prsia so zlatou zeleninou

Porcie: 4

Čas varenia: 45 minút

Ingrediencie:

2 polievkové lyžice nesoleného masla, pri izbovej teplote 1 stredná cuketa zbavená semienok a nakrájaná na tenké plátky 2 veľké zlaté cvikly, olúpaná a na tenké plátky nakrájaná ½ stredne žltej cibule, nakrájaná na tenké plátky

½ vykostených morčacích pŕs s kožou (1 až 2 libry) 2 polievkové lyžice medu

1 lyžička soli

1 lyžička kurkumy

¼ lyžičky čerstvo mletého čierneho korenia

1 šálka kuracieho vývaru alebo zeleninového vývaru

Inštrukcie:

1. Predhrejte rúru na 400 °F. Zapekaciu misu vymastíme maslom.

2. Na plech poukladajte tekvicu, cviklu a cibuľu v jednej vrstve. Položte morčacie mäso kožou nahor. Pokvapkáme medom.

Dochutíme soľou, šafranom a korením a pridáme vývar.

3. Pečte, kým morka nezaznamená 165 °F v strede pomocou teplomera s okamžitým odčítaním, 35 až 45 minút. Vyberte a nechajte 5 minút odpočívať.

4. Nakrájajte a podávajte.

Nutričné informácie:Kalórie 383 Celkový tuk: 15 g Celkové sacharidy: 25 g Cukor: 13 g Vláknina: 3 g Bielkoviny: 37 g Sodík: 748 mg

Kokosovo zelené kari s varenou ryžou Porcie: 8

Čas varenia: 20 minút

Ingrediencie:

2 polievkové lyžice olivového oleja

12 uncí tofu

2 stredné sladké zemiaky (nakrájané na kocky)

soľ podľa chuti

314 uncí kokosového mlieka

4 polievkové lyžice zeleného kari

3 šálky ružičiek brokolice

Inštrukcie:

1. Odstráňte prebytočnú vodu z tofu a opečte na strednom ohni. Osolíme a smažíme 12 minút.

2. Kokosové mlieko, zelenú kari pastu a sladké zemiaky uvarte na miernom ohni a varte 5 minút.

3. Teraz pridajte brokolicu a tofu a varte asi 5 minút, kým sa farba brokolice nezmení.

4. Podávajte tento kokos a zelené kari s hrsťou uvarenej ryže a množstvom hrozienok navrchu.

Nutričné informácie:Kalórie 170 Sacharidy: 34 g Tuky: 2 g Bielkoviny: 3 g

Sladká zemiakovo-kuracia polievka so šošovicou: 6

Čas varenia: 35 minút

Ingrediencie:

10 stoniek zeleru

1 pečené alebo pečené kura

2 stredné sladké zemiaky

5 uncí francúzskej šošovice

2 polievkové lyžice čerstvej citrónovej šťavy

½ hlavy malej endive

6 strúčikov cesnaku, nakrájaných na tenké plátky

½ šálky kôpru (jemne nasekaný)

1 polievková lyžica kóšer soli

2 polievkové lyžice extra panenského oleja

Inštrukcie:

1. Pridajte soľ, kurací trup, šošovicu a sladké zemiaky do 8 uncí vody a priveďte do varu na vysokej teplote.

2. Varte tieto položky asi 10-12 minút a odstráňte penu, ktorá sa na nich vytvorí.

3. Cesnak a zeler podusíme na oleji asi 10 minút do mäkka

a svetlo hnedá, potom do nej pridajte nastrúhané pečené kura.

4. Pridajte túto zmes do escarole polievky a nepretržite miešajte 5

minút na strednom ohni.

5. Pridajte citrónovú šťavu a vmiešajte kôpor. Podávajte horúcu polievku so soľou.

Nutričné informácie:Kalórie 310 Sacharidy: 45 g Tuky: 11 g Bielkoviny: 13 g